寫作課

從閱讀經典寓言出發
打造五大關鍵寫作力

高詩佳——著

一自序一

寫作力：五個關鍵與五十堂寫作課！

我經常去各級學校演講、師資訓練，有機會接觸到教學第一線的老師，常聽他們說：「寫作真是一門不好教的學科！」然後，也會聽到學生抱怨：「為了作業和考試，不得不趕鴨子上架的寫作文，根本沒辦法發自內心喜歡寫作！」聽到這樣的說法，我都會覺得相當惋惜，因為寫作本來是一件再美好不過的事。被稱為美國史上最偉大總統的亞伯拉罕·林肯（一八〇九－一八六五），就曾讚嘆的指出，寫作是溝通內心思想的藝術，也是人類世界的偉大發明！

所謂「溝通內心思想」，就是將自己所見、所聞、所想，用自己的語言文字表達出來，同時不斷進行反思、凝視與回饋的過程。簡單來說，寫作是在跟自己，也是在跟世界對話。過去，我們的中文教育總把重心放在基礎語文的訓練與閱讀上，然而近年來許多先進國家發現，寫作力的不足已成為個人及國家發展的阻礙。很多人以為，電子資訊發達的年代，寫作還有那麼重要嗎？事實上，不僅哈佛等大學把寫作課訂為全校重要的必修課，

許多企業也在大聲疾呼：「寫作力的不足，嚴重限制了員工專業的發展與機會！」

搶救寫作力，成了近年來最熱門的議題，不僅各類型的考試強化寫作測驗的長度與難度，寫作素養的提昇也成為小學到大學語文教育的關鍵指標。為了協助不同年齡層的朋友們掌握最有效的寫作力，詩佳老師從多年來教學上的心得，提煉出這本《寫作課：從閱讀經典寓言出發，打造五大關鍵寫作力》，目的就是要告訴各位大朋友、小朋友：只要掌握寫故事的五大關鍵，就可以幫助自己打造最實用、最精采的寫作力！

書中提到的五個關鍵，分別是「人物」、「創意構思」、「敘述」、「修辭」與「描寫」，貫串它們的，其實就是五十個說故事的技巧與方法。這五十堂寫作課的內容設計，每篇開頭都有一小段引言，作為重點提示與引導。在【經典寓言】中，透過對寓言故事的導讀和剖析，找出我們在寫作時最常遇到的困擾。接著，在【寫作新思路】中，步驟化的提出解決問題的方法。最後進行【故事新編】，將學習的成果以短文呈現出來。並在每一課的最後附上【經典原文】，讓大家將經典古文與創作性的改寫「古今對照」，達到輕鬆讀故事、快樂學寫作的目標。

當然，好的故事與寫作力，都需要豐富的生命經驗與觀察，學習寫作其實也是在學習生活，學習讓生命體會更多的不同和感動。希望大家可以輕鬆循著詩佳老師閱讀與寫作的足跡，學會讓故事精采，也讓自己的生命更加精采！

目錄

關鍵3 敘述有變化，讓你成為說故事高手

關鍵 4 善用各種寫作技法，讓文字有聲有色

關鍵 5 用轉述的，不如實際演給大家看

關鍵 1

人物的深度，是吸引讀者的黏著度

所有的故事都是在講「人」的故事，
有魅力的人物，
才能成功吸引住讀者的目光，
讓讀者產生同理心，
所以寫作者的第一要務，
就是塑造好人物的形象。

01 人物的深度，是吸引讀者的黏著度

立體人物的形象塑造突出而多元，讀者可以看到人物的多種面貌和性格，也能得見他們的內心衝突。這類立體化的人物通常比其他人物鮮明，在故事中擔當「主角」的任務。

經典寓言

宋國有個富人，下雨毀壞了牆壁，他的兒子說：「不把壞的牆砌起來，必然會有盜賊來偷。」他鄰居的父親也這麼說。

天黑以後，果然被盜走很多財物，富人家裡的人都很誇讚兒子的聰明，卻懷疑財物是被鄰居家的父親偷去的。（戰國・韓非《韓非子・說難》）

這則〈亡財疑鄰〉的故事告訴我們，如果沒有事實證據，只用親疏遠近和感情來判斷是非，就有可能做出錯誤的結論，就像故事中的富人家，只相信自己人，卻沒想到有時「養老鼠咬布袋」（台語），會作亂的正是自己人！

故事中的主角乍看是富人，最後做出錯誤判斷的卻說是「富人家」，我們不如將主要人物完全集中於富人一人，更有利於故事的改寫。

此外，也可以思考為什麼富人對兒子如此偏私？把原因交代清楚，便可加深人物的深度了。

人物的深度

寫故事最忌諱將人物寫得太單純，比如純粹的好或純粹的壞，因為真實世界的**人性是複雜的**，所以寫人物時，應注意他內在性格上的許多面向，成為立體人物，就像壞人也可能是個慈父，而好人面對財物時也可能有些動心。

故事中的富人之所以相信兒子、懷疑鄰父，首先可能和家庭風氣有關，俗話說：「胳膊朝內彎。」用來比喻偏心自家人，我們可以猜想他的家庭氣氛和諧，家人彼此信任，與鄰居的關係並不好，就在故事中加強這幾點。

接著，可能出於某種原因，富人特別偏愛兒子，比如說兒子家境雖富裕，但從小母親就過世，富人格外疼愛兒子，自然不會懷疑是兒子偷盜。所以寫作時可以添加一筆，讓故事更有說服力，而這個動機也增加了「富人」角色的深度。

人物的深度，是吸引讀者的黏著度，具有多重面向的人物會讓讀者著迷。構思時，隨時緊扣住「**真實的人性**」，自然能塑造出具有深度的人物形象。

故事新編

宋國有個富人，將家中的事業經營得有聲有色，但再多的錢財也挽救不了病逝的妻子，讓他相當遺憾，便格外憐惜唯一的兒子。「可憐這孩子自小喪母……」富人時常嘆氣，幸好兒子頗為聰明，令老父很安慰。

這個月連續兩週大雨，下壞了牆壁。這天，富人的兒子對父親說：「爹，如果再不把壞牆砌起來，必然有盜賊來偷。」富人微笑看著兒子，兒子的貼心懂事，讓老父親感到欣慰。

這時，鄰居的父親經過了，也對富人說：「王老闆，您得趕緊修好這面牆，以免招來盜匪啊！」富人看了他一眼，並不回話，私下跟兒子說：「這老小子！上週才因我們家的樹長得越過他家的牆，斤斤計較，現在又來囉嗦，必定有什麼企圖！」氣得忘記叫人來修牆。

天黑後，富人家果然被盜走很多財物，富人雖然心痛，卻忍不住誇讚兒子有先見之明，懊悔早知道就聽從兒子的話早點修牆。他忍不住看了鄰居的房子一眼，那道隔開兩家的牆壁毀壞後，兩家內院的情況一覽無遺，他心想：「作賊喊抓賊！牆壁垮了，隔壁的過來偷盜極為方便，隔壁的父親一定是先提醒我修牆，好撇清關係，夜裡再來偷盜……」想到這裡，富人便憤憤不已。

經典原文　亡財疑鄰①

宋有富人，天雨牆壞。其子曰：「不築②，必將有盜。」其鄰人之父亦云。暮而果大亡其財③。其家甚智其子④，而疑鄰人之父。

注釋

①亡：失去，被偷盜。
②築：建造，此指把壞牆修好。
③暮：傍晚。果：果然。
④智其子：以為他的兒子有先見之明。

02 改變人物性格，寫成相反的故事

對於人物性格的描繪，必須圍繞著人物可能從事的行為來發揮，因為人物會說的話和做的事，都和他的性格息息相關，這樣的人物，才是鮮活蹦跳的，不會脫離我們的生活太遠。

◉◉◉◉經典寓言

一個讀書人生平極會諂媚，死後見閻王。閻王偶然放了個屁，讀書人就拱手作揖說道：「尊敬的大王，撅起高貴的屁股，響亮的放了寶貴的屁，像美妙的音樂，又宛如麝香蘭草的氣息！」閻王很高興，就派牛頭卒帶讀書人去別殿，賜他酒宴。

走到半路，讀書人看著牛頭卒說道：「看你頭上的兩隻角彎彎的，好像天邊的月亮；兩眼炯炯有神，就像海底的星星！」牛頭卒聽了也很高興，拉著讀書人說：「大王賜的酒宴還早，先去我家吃一頓酒吧！」（清・方飛鴻《廣談助》）

這則〈一士見冥王〉的寓意是說，人世間充滿了極盡諂媚的人，也多得是愛聽好話的人，沒想到陰間的閻王和鬼卒也愛聽諂媚的話。

主角設定為讀書人，則是諷刺當時的讀書人只知道吹牛拍馬，以博得良好的待遇（升官、發財），甚至到了顛倒美醜、不分是非的地步。

讀書人的性格極盡諂媚，如果想要改變他的性格，就可以改成一個非常正直的人，總是說實話，就算因此受到折磨，也不能改變他的意願。我們可以想一想，假如讀書人的性格改變了，他還會受到陰間的歡迎嗎？

◉◉◉◉◉寫作新思路 改變人物性格

人物設定最重要的部分，就是人物的性格，我們常聽說「性格決定命運」，因此，當人物的性格改變以後，很可能就會改變情節的走向或結局。但是我們可以挑戰，在不改變結局的前提下，讓正直的讀書人在陰間仍然有好的待遇。

改寫以前，第一件事就是先徹底了解人物原本的性格。讀書人很懂得諂媚，他滿腹詩書，說出來的吹捧之語往往能注重美感，動聽悅耳。再來，讀書人的觀察力很好，能夠看出對方的喜好，說出他們想聽的話。

比如說，閻王在陰間位高權重，不小心放了屁，必然覺得尷尬下不了台；牛頭卒的長相怪模怪樣，可能帶給他一些困擾。讀書人的諂媚化解了這些問題，自然會受到歡迎。

第二件事是設定截然相反的人物性格。諂媚的相反是正直，這種人會說真話，但真話總是不好聽的，讀書人該如何以這樣的個性讓閻王、鬼卒對他產生好感呢？故事好看的就是這個轉折點，我們可以加點東西增加戲劇性：

1. **對閻王說的話：**閻王放屁，正直的讀書人會說：「大王放的屁實在臭不可聞！」但若是加上「關心」的成分，說：「您是否昨晚吃了不乾淨的食物？請保重身體，儘快讓醫師診治。」閻王自然感受到讀書人關心他人的美好德性，對他產生好感。

2. **對鬼卒說的話：**面對長相醜怪的牛頭卒，正直的讀書人會說：「你的相貌實在稱不上好看！」

但若是加上「勉勵」的成分，說：「但是男子漢應以建功立業為重，你無需在意自己的樣貌。」這番話帶著鼓勵，對可能有自卑感的牛頭卒來說十分管用。

說真話又不得罪人，關鍵就在說話者是否有一顆善良的心，不管是關心或勉勵，都是發自內心為他人著想，這樣的「正直」，必然讓人深受感動。

故事新編

一個讀書人生平極為正直，死後見閻王。閻王偶然放了個屁，讀書人就拱手作揖說道：「大王放的屁實在臭不可聞！」閻王聞言大怒，正要發作，只聽讀書人說：「您是否昨晚吃了不乾淨的食物？請保重身體，儘快讓醫師診治。」閻王很高興，就派牛頭卒帶讀書人去別殿，賜他酒宴。

走到半路，讀書人看著牛頭卒說道：「你的相貌實在稱不上好看！」牛頭卒正要發火，只聽讀書人說：「但是男子漢應以建功立業為重，你無需在意自己的樣貌！」牛頭卒很高興，覺得世間再無如此知己，便拉著讀書人說：「大王賜的酒宴還早，先去我家吃一頓酒吧！」

經典原文　一士見冥王①

一士生平極諂②，死見冥王。王忽撒一屁，士拱揖進辭云：「伏惟大王③，高聳尊臀，洪宣寶屁④，依稀絲竹之聲⑤，仿佛麝蘭之氣⑥！」王大喜，命牛頭卒引去別殿，賜以御宴。

至中途，士顧牛頭卒謂曰：「看汝兩角彎彎，好似天邊之月；雙眸炯炯⑦，渾如海底之星⑧！」卒亦甚喜，扯士曰：「大王御宴尚早，先在家下吃個酒頭了去⑨！」

注釋

①冥王：指閻王，傳說陰間的主宰。
②諂：音產，諂媚，奉承、巴結。
③伏惟：是下對上的謙敬之詞。
④洪宣：暢快宣洩。
⑤依稀：彷彿。絲竹：音樂。
⑥彷彿：同「彷彿」。麝蘭：比喻香氣。麝：音社，麝香的香氣。蘭：蘭花的清香。
⑦眸：音謀，眼睛。炯炯：音窘，光明，光亮。
⑧渾：簡直。
⑨家下：家中。

03 借景抒情，使人物形象豐滿

透過對景物的描寫，來襯托人物的內在，是側面描寫中最常見的手法之一。它的特點，是景物的每個細節都與人物的心境和性格互相呼應。寫景是手段，烘托人物才是目的。

◉◉◉◉經典寓言

齊國有個人家有一妻一妾。他每次外出，一定吃飽肉、喝醉酒才回家。妻子問跟他一道吃喝的是誰？他說全是有錢人。妻子便告訴妾：「丈夫外出，總是飯飽酒醉才回來，問他跟誰吃喝，他說全是有錢人。但是，我從來沒見過什麼顯貴到我們家。我打算偷偷的看他究竟到了什麼地方。」

第二天清早，妻子便尾隨在丈夫後面，走遍京城，都沒見到有人跟她丈夫說話。齊人最後往東城外的墓地走，走向祭掃墳墓的人，討些殘菜剩飯；不夠，又左顧右盼地跑到別處乞討，這便是他吃喝的辦法。

妻子回家，便把這情況告訴妾，她說：「丈夫，是我們仰望並終身依靠的人，現在他竟這樣！」她便與妾一道埋怨丈夫，在庭院相對哭泣。但齊人不知道，還高興的從外面回來，向他的兩個老婆炫耀。（戰國・孟軻《孟子・離婁下》）

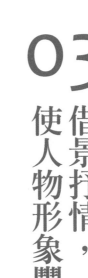

這是知名的〈墦間乞食〉。故事中，孟子諷刺的不只是齊人，更是所有在背後乞食、而在人前誆騙的那類人，這種人的外表高尚富貴，實際上卻是苟且偷生的偽君子，在幾千年的社會中層出不窮。

故事生動的塑造出齊人的形象，但是妻、妾的部分卻有點簡略，光是一句「在庭院相對哭泣」，無法完整道出她們的心境，所以我們運用借景抒情的技巧，透過對景物的描寫，側面烘托妻、妾的內心世界，使人物形象更加豐滿。

◎◎◎◎◎寫作新思路　借景抒情

借景抒情，指作者帶著強烈的感情去描寫景物，把自身所要抒發的感情、想表達的心情，寄託在景物之中，是一種寫作手法。它的特點是「景生情，情生景」，使得情景交融，渾然一體。

比如故事中的妻、妾，作者只寫她們「在庭院相對哭泣」，如果加上景物與心境的呼應，人物就會更加鮮活。可依循以下步驟來寫：

1. **揣摩人物**：先揣摩人物的心情。例如妻、妾感到傷心、失望，原本指望丈夫，現在全都落了空，發現丈夫虛假的一面，更是使她們憤怒。

2. **連結景物**：將景物與心情連結在一起。例如黯淡的月色與失望、滿地的落葉與傷心、枯枝與落空、屋簷下低垂的雨露與眼淚、荊棘與憤怒。

3. **組織成句**：如：「今晚的月色黯淡，照映這滿地的落葉與枯枝，和角落憤怒的一叢荊棘。她們只能對著屋簷下低垂的雨露拭淚。」

寫景一定不能脫離「情」，如果寫景沒有包含人物的思想感情，沒有經過作者的設計，不管寫得多麼細膩，也很難打動人心。

故事新編

　　齊國有個人有一妻一妾，他每次外出，一定吃飽肉、喝醉酒才回家。妻子問跟他一道吃喝的是誰？他說全是有錢人。妻子便告訴妾：「丈夫外出，總是飯飽酒醉才回來，問他跟誰吃喝，他說全是有錢人，但是，我從來沒見過什麼顯貴到我們家。我打算偷偷看他究竟到了什麼地方。」

　　第二天清早，妻子便尾隨在丈夫後面，走遍京城，都沒見到有人跟她丈夫說話。齊人最後往東城外的墓地走，走向祭掃墳墓的人，討些殘菜剩飯；不夠，又左顧右盼地跑到別處乞討，這便是他吃喝的辦法。

　　妻子回家，把這情況告訴妾，她說：「丈夫，是我們仰望並終身依靠的人，現在他竟這樣！」她便與妾一道埋怨丈夫，在庭院相對哭泣。月色黯淡，照映滿地的落葉與枯枝，和角落憤怒的一叢荊棘，她倆只能對著屋簷下低垂的雨露拭淚。

　　齊人不知道，還高興地從外面回來，向他的兩個老婆炫耀。

◎◎◎◎經典原文　墦間乞食①

　　齊人有一妻一妾而處室者②。其良人出③，則必饜酒肉而後反④。其妻問所與飲食者，則盡富貴也。其妻告其妾曰：「良人出，則必饜酒肉而後反，問其與飲食者，盡富貴也。而未嘗有顯者來。吾將瞷良人之所之也⑤。」

蚤起⑥，施從良人之所之⑦，遍國中無與立談者。卒之東郭墦間⑧，之祭者，乞其餘；不足，又顧而之他，此其為饜足之道也。

其妻歸，告其妾曰：「良人者，所仰望而終身也。今若此！」與其妾訕其良人⑨，而相泣於中庭。而良人未之知也，施施從外來⑩，驕其妻妾。

注釋

①墦間：墳墓之間。墦：音凡，墳墓。乞食：討飯。

②齊：周代諸侯國名，在今山東省東北。妾：男子的側室。處室：同居一室。

③良人：丈夫。

④饜：音厭，吃飽。反：同「返」。

⑤瞷：音建，窺視、偷看。

⑥蚤：同「早」。

⑦施從：斜行走路躲躲閃閃的在後面跟隨。施，音夷。

⑧卒之：最後到。東郭：東城門外。

⑨訕：音善，嘲諷，埋怨。

⑩施施：音夷，喜悅自得的樣子。

04 借物抒情，讓人物的情感更有層次

人的情感是流動的、具有感染力的，這使得一草一木、一磚一石，都能夠引發人物的喜怒哀樂。萬物皆有情，其實只是人們的想像力，讓事物都變得感性了。

◉◉◉◉經典寓言

葉公喜歡龍，衣帶鉤和酒器上都畫有龍，居室裡頭雕鏤裝飾的花紋也是龍。他這樣愛龍，被天上的真龍知道後，便從天上下降到葉公家裡，龍頭在窗戶前探望，龍尾伸到了廳堂裡。葉公一看是真龍，轉身就往回跑，嚇得像失了魂似的，臉色大變，不能控制自己。由此看來，葉公並不是真的喜歡龍，他喜歡的只不過是那些像龍的東西而不是真龍。（西漢・劉向《新序・雜事》）

這則〈葉公好龍〉的故事，主要是諷刺葉公喜愛的並不是真正的龍，他只是喜愛物品上畫的「似龍而非龍者也」。故事以真龍來臨前、後，葉公的態度改變為對比，將他表裡不一的醜態揭示出來，以嘲諷這類的偽君子。

故事善用對比，將寓意宛如黑夜的一道閃光般點出來，引發讀者深刻的自省。但是，如果能運用借物抒情的方法，將葉公內心的覺醒也加以呈現，我們就能看見葉公這三個階段的改變：好龍、怕龍、領悟。這些可以作為擴寫故事的題材，也能讓人物的情感具備更豐富的層次。

◉◉◉◉◉寫作新思路　借物抒情

借物抒情，是借助某樣物品，帶出人物的情感或回憶。寫法上，可以從某物讓人想到某個人或某件事，關鍵是找到物品的特點與人物的感情引起共鳴的地方，使物品與情感呼應，情感才能有所寄託。

比如故事中對於葉公好龍的態度，只寫到他見到真龍落荒而逃就停筆了，我們想再繼續擴寫，就可以從葉公的回憶開始寫起，將「龍」當做借「物」的主體，描述他看到龍的紋飾以後，想起「過去」還沒見到真龍前，自己對龍的喜愛是多麼盲目，以及當真龍來臨時，自己如何的懼怕。現在，就按照步驟來寫寫看：

1. **由物寫起：**這段是為了借物抒情。開頭從葉公看著家中或衣物上的龍形花紋開始，敘述他的心情，並簡單描述花紋的模樣。
2. **葉公好龍：**從第二段開始鋪陳遇見龍的故事，以回憶的方式描述從前葉公好龍的態度，加強他「愛龍成痴」的心情。
3. **葉公怕龍：**第三段是遇見龍的轉折與高潮，描述真龍從天上降下來，來到葉公家裡，葉公嚇得落荒而逃的模樣。
4. **呼應首段：**最後將時間再拉回現在，著重寫葉公獲得的領悟，呼應故事的開頭，使故事成為一個完整的「圓」。

要注意的是，這種寫法的重點不在描寫物品，物品只是配角，扮演帶出情感的媒介，事件和回憶才是文章的主角，因此只要約略描寫物品即可。

故事新編

葉公斟了杯酒，在月光下獨飲，酒杯上的龍形花紋由於雕刻的所在部位不同，呈現各種姿態，或升或降，或張牙舞爪，無不表現出威武的神氣。他看著龍紋，深知自己對龍的喜愛已經無法回到當初。

葉公喜歡龍，衣帶鉤和酒器上都畫有龍，居室裡頭雕鏤裝飾的花紋也是龍。如果讓他發現有什麼物品沒有龍紋，就會叫來工匠雕琢一番，非要弄得周身都是龍不可。透過工匠之口傳播，葉公好龍的心情可說遠近馳名。

葉公這樣愛龍，某天，被天上的真龍知道後，便從天上下降到葉公家裡，龍頭在窗戶前好奇的張望，龍尾伸到了廳堂裡。葉公一看是真龍，轉身就往回跑，嚇得像失了魂似，臉色大變，不能控制自己，直到真龍離去。

月光照在杯上的龍紋，葉公只覺得這是在嘲笑他的盲目，他終於知道，自己並不是真的喜歡龍，他喜歡的，只不過是那些像龍的東西罷了。

經典原文　葉公好龍①

葉公子高好龍，鉤以寫龍②，鑿以寫龍③，屋室雕文以寫龍。於是夫龍聞而下之，窺頭於牖④，施尾於堂⑤。葉公見之，棄而還走⑥，失其魂魄，五色無主⑦。

是葉公非好龍也⑧，好夫似龍而非龍者也。

注釋

①葉公：春秋時楚國貴族，姓沈，名諸梁，字子高，封地在葉（今河南葉縣），故稱葉公。好：音浩，喜好。

②鉤：衣帶鉤，可以掛裝飾品。

③鑿：音作，盛酒的器皿。

④牖：音有，窗戶。

⑤施：音意，拖。堂：正房，大廳。

⑥還：音旋，返回。

⑦五色無主：指臉上神色失去控制。比喻非常驚慌恐懼。

⑧是：此，這。

05 塑造人物形象，推動劇情的發展

寫作的第一步就是先設定人物，只要登場人物的角色性格確定下來，他們就能自動充實故事中的每個部分，推動劇情向前發展，所以塑造人物形象是寫作中最重要的功課。

經典寓言

周國有個人喜好皮衣、講究美食，想做一件價值千金的皮衣，就跟狐狸商量要取牠的皮；想吃像祭祀的羊肉一樣美味的佳餚，就跟羊商量要牠的肉。但是話還沒說完，狐狸們就一個個逃進了重疊的山丘下，羊群則前呼後擁地躲進了深林之中。因此周人花了十年都做不成一件皮衣，費了五年都做不成一次宴席。為什麼呢？因為周人的計謀錯了。（南北朝前秦・符朗《符子》）

這則〈與狐謀皮〉的故事，是在告訴我們謀略的技巧，說明在攸關生死命運這種大事的時候，絕對不能用「商量」的方式來處理，這樣等於把你的企圖事先告訴對方，給了對方逃生的機會，你的計畫就白費了。

故事用平鋪直敘類似說明文的方式來呈現，但是說明文只是客觀的陳述事理現象，難免太簡潔、平淡，失去了吸引人的味道。

如果我們將這則故事改寫成記敘文，就能像個說書人一樣說故事，文章將會變得很有魅力，也更能突顯你所要表達的寓意。

寫人記敘文

記敘文，是使用頻率最高的文體，寫法就像我們平常講一件事情或是說故事，先有開始，中間有經過，最後才是結果（也可以倒敘），通過敘述事件的起因、發展、過程和結果，全面的介紹人、事、時、地、物。

記敘文的第一種就是「寫人」，著重打造人物的形象，為了做到這點，就必須為人物設定外型、添加對話，必要時呈現人物的內心世界，加強人物們的互動關係，這些都將推動情節的進行，也決定了故事生動的程度。

現在，我們就從以下幾個方面來寫寫看：

1. **外表**：觀察人物的特徵，學會描摹。比如周人的形象愚蠢，可以寫成：「周人的身材肥胖，臉上一堆亂蓬蓬的鬍子，似乎隨時有跳蚤探頭出來。」
2. **對話**：能忠實反映人物內心，又要有幽默感。比如動物們的推托之詞，狐狸說：「等我把毛皮刷乾淨再給你。」羊說：「等我把身體洗乾淨再給你。」
3. **行為**：從人物的行為去了解人物。如周人：「總是不知分寸的呵呵笑。」狐狸機敏：「耳朵豎起、鬍子一翹，就有了主意。」羊大智若愚：「把頭歪一邊，看起來很傻。」
4. **心理**：將人物的內心呈現出來，多半是一些想法。如狐狸心想：「我才沒那麼笨去自尋死路！」羊心想：「人類貪婪！剃去我的毛，還想吃我的肉！」

只要用心體驗生活，細心觀察周遭的人物，發揮想像力展現創意，再運用特殊的觀點，就能寫出有趣而特別的故事。

故事新編

周國有個人喜好皮衣、講究美食，他的身材肥胖，臉上總是不知分寸的呵呵笑，一堆亂蓬蓬的鬍子，似乎隨時有跳蚤探頭出來。

某天，周人想做一件價值千金的皮衣，就跟狐狸商量：「狐狸啊！我想做一件皮裘，需要你的毛皮。」狐狸的耳朵豎起、鬍子一翹，就有了主意，他說：「等我把毛皮刷乾淨再給你。」心中卻想：「我才沒那麼笨去自尋死路！」狐狸們就逃進了重疊的山丘下。

周人想吃像祭祀的羊肉一樣美味的佳餚，就跟羊商量：「羊啊！我想吃羊肉，需要你的肉。」羊把頭歪一邊，看起來很傻的說：「等我把身體洗乾淨再給你。」心中卻想：「人類真貪婪！剃去我的毛，還想吃我的肉！」羊兒們就前呼後擁地躲進了深林之中。

因此，周人花了十年都做不成一件皮衣，費了五年都做不成一次宴席。為什麼？因為周人的計謀錯了！

經典原文　與狐謀皮①

周人有愛裘而好珍羞②，欲為千金之裘而與狐謀其皮；欲具少牢之珍而與羊謀其羞③。言未卒④，狐相率逃於重丘之下⑤，羊相呼藏於深林之中。故周人十年不制一裘⑥，五年不具一牢。何者？周人之謀失之矣！

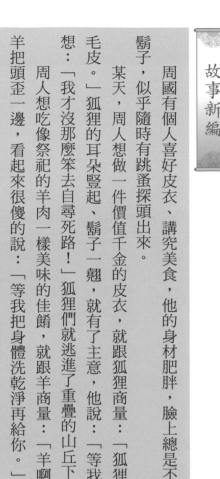

注釋

①謀：商量。

②裘：皮衣。珍羞：珍貴精美的食品。羞，同「饈」。

③少牢：古代祭祀時只用羊、豬二牲，稱為「少牢」。

④卒：結束。

⑤相率：互相帶引，共同。重丘：重疊的山丘。

⑥制：製造。

06 寫出表情，讓人物形象變得立體

人物的性格，往往都是透過一些動作和表情的放大，來突出特色，因此，表情可以說是人物向外界表達情感的出口之一，也是使人物的表現不致於呆板的關鍵。

經典寓言

扁鵲見蔡桓公，在桓公面前站了一會。扁鵲說：「您的皮膚表層有些小病，不醫治恐怕加重。」桓公說：「我沒病。」扁鵲離開後，桓公說：「醫生愛治沒病的人，來顯示自己的本領。」

過了十天，扁鵲再次見蔡桓公，說：「您的病在肌肉，不治將會加重。」桓公不理。扁鵲離開後，桓公又不高興。

又過十天，扁鵲再見蔡桓公，說：「您的病在腸胃，不治將會加重。」桓公又不理。扁鵲離開後，桓公又不高興。

又過十天，扁鵲一看見桓公，掉頭就跑。桓公於是派人問他。扁鵲說：「病在皮膚紋理，用湯藥洗患處就能治；病在肌肉裡，用針灸可以治；病在腸胃裡，用清火除熱的藥可以治；病在骨髓裡，那是司命神所管，醫生沒有辦法治。現在病在骨髓，我就不再為他治病了。」

過了五天，蔡桓公身體疼痛派人找扁鵲，扁鵲已逃到秦國，蔡桓公就病死

了。（戰國・韓非《韓非子・喻老》）

這則〈扁鵲見蔡桓公〉的故事是說，當人有了疾病或遇到問題，及時處理可以避免情況更加嚴重，否則小病就會成大病，最終變成不治之症。

在故事的結尾，扁鵲逃到秦國，是因為他知道如果去醫治病危的蔡桓公，不但治不好，如果不幸人死了，所有罪過還會算在他頭上，豈不冤枉？

這則故事運用扁鵲與蔡桓公的對話來推進情節，也有層層遞進和對比的效果。可惜，作者沒有寫出兩位主角說話的表情，使得人物的形象不夠立體，閱讀上也比較單調無趣，我們不妨針對這點加強一下。

寫作新思路　刻劃表情

我們常遇到這樣的狀況：寫對話容易，但對話之間的描述卻很單調，寫來寫去都是類似的詞彙，不是「笑」，就是「大笑」，而忘了人物有所謂的神韻美。

其實，人物的眼睛和眉毛都是描述臉部表情的重點，舉凡情緒、反應、人物的想法等，都可以利用臉部表情作部分或完整的傳達。請看以下的改寫：

1. **扁鵲看診**：將表情層層遞進，呈現細微的變化。比如說扁鵲：「眼神如電般掃了幾下→側著頭左右端詳→目光由上到下凝神細看→眼皮低垂，兩道濃眉越皺越緊」，扁鵲的每個神情都比前一個慎重。

2. **桓公反應：**用各種笑的方式，顯示心情的變化，比如寫桓公：「微笑→張嘴大笑→笑出了眼淚→陰沈著臉→抿嘴不答」，表現桓公從輕鬆、不當一回事到感覺事態嚴重之間的變化。

我們既然下了很多工夫，努力寫了一個好故事，不妨再多描述一些小動作，細緻的刻劃表情，人物的形象就會變得更加完整。

故事新編

扁鵲見蔡桓公，眼神如電掃了桓公幾眼，拱手說：「您的皮膚表層有些小病，不醫治恐怕加重。」桓公微笑，說：「我沒病。」扁鵲離開後，桓公就說：「醫生愛治沒病的人，來顯示自己的本領。」說完，張嘴大笑。

過了十天，扁鵲再見蔡桓公，這回他側著頭左右端詳桓公後，說：「您的病在肌肉，不治將會加重。」桓公笑出了眼淚。扁鵲離開後，桓公又陰沈著臉了。

又過十天，扁鵲再見蔡桓公，他目光由上到下凝神細看桓公後說：「您的病在腸胃，不治將會加重。」桓公抿嘴不答。扁鵲離開後，桓公又不高興。

又過十天，扁鵲一看見桓公，掉頭就跑。桓公連忙派人問他。只見扁鵲眼皮低垂，兩道濃眉越皺越緊，過半晌才說：「病在皮膚紋理，用湯藥洗患處就能治；病在肌肉裡，用針灸可以治，病在腸胃裡，用清火除熱的藥可以治；病在骨髓裡，那是司命神所管，醫生沒有辦法治。現在病在骨髓，我就不再為他治病了。」

過了五天，蔡桓公身體疼痛派人找扁鵲，扁鵲已逃到秦國。不久，桓公就病死了。

◉◉◉◉經典原文　扁鵲見蔡桓公①

扁鵲見蔡桓公，立有間②。扁鵲曰：「君有疾在腠理③，不治將恐深。」桓侯曰：「寡人無④。」扁鵲出，桓侯曰：「醫之好治不病以為功。」

居十日，扁鵲復見曰：「君之病在肌膚，不治將益深。」桓侯不應。扁鵲出，桓侯又不悅。

居十日，扁鵲復見曰：「君之病在腸胃，不治將益深。」桓侯又不應。扁鵲出，桓侯又不悅。

居十日，扁鵲望桓侯而還走⑤。桓侯故使人問之，扁鵲曰：「疾在腠理，湯熨之所及也⑥；在肌膚，鍼石之所及也⑦；在腸胃，火齊之所及也⑧；在骨髓，司命之所屬⑨，無奈何也。今在骨髓，臣是以無請也。」

居五日，桓侯體痛，使人索扁鵲，已逃秦矣，桓侯遂死。

注釋

①扁鵲：戰國時名醫，姓秦，名越人，渤海郡鄚（今河北任丘）人。由於醫術高超，被認為是神醫，人們就借用了黃帝時神醫「扁鵲」的名號來稱呼他。蔡桓公：春秋時蔡國國君。扁鵲與蔡桓公相距兩百年，在本故事都是假託的人物。

②立有間：站了一會兒。

③腠理：皮膚或肌肉的紋理。腠，音湊。

④寡人：古代國君自稱的謙詞。

⑤還走：轉頭就走。還：音旋，返回。

⑥湯熨：指用湯藥洗患處或熱敷。湯：中藥湯劑。熨：熱敷。

⑦鍼石：古代以磨石為針的醫療用具。鍼，音針。

⑧火齊：清火的藥劑。

⑨司命：掌管人生死命運的神。

07 服裝，體現人物的個性

服裝是人物造型的重要部分，讀者從中可以獲得許多資訊，比如人物的性格、年齡、氣質、習慣、身分特徵等。服裝的造型都是為了配合人物當下的心情，與整個情節發展步調一致。

◎◎◎◎經典寓言

楊朱的弟弟叫楊布，他穿著白色的衣服出門。遇到大雨，楊布便脫下白衣，換了黑色的衣服回家。他家的狗沒認出來是楊布，就迎上前對他叫。楊布很生氣，正要打狗。這時，楊朱說：「你不要打狗，如果換做是你，你也會像牠這樣。假如先前你的狗離開時是白色，而回來就變成黑色，你能不責怪嗎？」（戰國・列禦寇《列子・說符》）

這則〈楊布打狗〉的寓意是說，做人應該要懂得換位思考，設身處地站在別人的角度去想，才能理解別人，避免發生不必要的誤會。

還有另一層意義：很多人就像楊布那樣，只看見表面現象的變化，不分青紅皂白就胡亂生氣，卻不去深入探究本質，我們應該引以為戒。而楊朱能夠一語道破楊布的盲點，則表現出獨立思考的能力和睿智的形象。

故事中的白衣（素衣）和黑衣（緇衣），都是重要的「道具」，但作者將焦點集中在傳達寓意，就沒有對衣服加以描寫。其實，既然衣服很重要，如果能描寫它來烘托人物，又能兼顧情節推展，將會使故事的內涵更為深刻。

寫作新思路　描寫服裝

外表是我們給人的第一印象，想要寫好人物，必須**觀察特徵**，**學會描摹**，舉凡長相、身材、服裝、表情，都要具體刻劃，才能成功的塑造出給人印象深刻的人物形象。在這裡，就來討論人物服裝的描寫。

讀完故事後，我們可以發現幾個問題：

1. **楊布的個性**：從他的衣服被雨淋濕，換穿別件衣服來看，可以推測他是個愛乾淨的人，為人可能一絲不苟，於是想到他的穿著可能：「對開襟的扣子都扣得規規矩矩，連領口那兒的摺子也摺得筆挺。」
2. **白衣的風格**：從楊布打狗的行為來看，他對動物沒有耐性、也缺乏愛心，個性上有一定程度的冷漠，於是想到他的白衣可能是：「他穿著一襲雪白，一塵不染，若非衣角上用淡色的青絲繡著圖紋，整件袍子就太素些。」從服裝看出他有點潔癖。
3. **楊布的氣質**：綜合以上，楊布的服裝特徵，都是在告訴我們他的氣質可能是：「渾身散發冰冷而不易近人的氣息。」

同時，我們也可以思考，楊布出門時是帶著兩套衣服嗎？如果不是，那黑衣是從哪裡來的？可能是臨時買的，也可能是朋友給的（可選一種來寫），如果是這樣，黑衣的款式風格，可能就與他平日穿著的白衣不一樣。

想一想，楊布出門穿的白衣太素了，別人給的黑衣可能就太華麗，比方說：「只見他穿著黑色的緞子衣袍，袍內露出銀色鏤空木槿花的鑲邊，腰間綁著一根玄青色師蠻紋腰帶。」此外，也可以設定一下他用來打狗的「工具」。

楊布穿這樣華麗的黑衣，結果回家時受到狗的驚擾，也許出自下意識的保護，怕這身華服被狗兒抓破，同時自己也受到驚嚇，於是出手打狗。這麼寫，就讓這個簡單的故事，有了合理的內容，讀者對人物也會有更多了解。

故事新編

楊布鎖上門栓，正要出門。他的袍服雪白，一塵不染，若非衣角上用淡色的青絲繡著圖紋，整件袍子就太素了些。對開襟的扣子都扣得規規矩矩，連領口那兒的摺子也摺得筆挺，渾身散發冰冷而不易近人的氣息。

楊布在朋友家談完事，才離開不久，天就降下大雨，他只得返回朋友家商借衣物，換上一身黑色的緞子衣袍，袍內露出銀色鏤空木槿花的鑲邊，腰間綁著一根玄青色師蠻紋腰帶。朋友還借給他一把雨傘。

沒想到楊布才踏入家門，家中的狗沒認出主人，就迎上前對他叫。楊布又驚又氣，本能的提起傘要打。哥哥楊朱連忙阻止：「不要打狗！如果換做是你，你也會像牠這樣。假如先前你的狗離開時是白色，回來變成黑色，你能不責怪嗎？」

經典原文　楊布打狗①

楊朱之弟曰布②，衣素衣而出③。天雨，解素衣，衣緇衣而反④。其狗不知，迎而吠之⑤。

楊布怒將扑之⑥。楊朱曰：「子無扑矣，子亦猶是也。嚮者使汝狗白而往⑦，黑而來，豈能無怪哉⑧？」

注釋

①楊布：楊朱的弟弟。

②楊朱：字子居，戰國時衛人，其學說主張「為我」、「拔一毛而利天下不為也」，與墨子的兼愛思想相反。

③衣素衣：穿白衣服。第一個「衣」是動詞，音易。素：白色。

④緇衣：黑色衣服。緇：音資，黑色。反：同「返」。

⑤吠：音費，狗叫。

⑥扑：音撲，擊打。

⑦嚮者：先前，以往。

⑧無怪：不責怪。

08 從回憶中表現人物的心事

回憶是動詞，當下的心境會改變回憶，隨著時間的流逝，回憶也會受到扭曲，最後可能模糊到連當事人都無法考究。把過去式和現在式拼接起來書寫，將能呈現回憶的特性。

經典寓言

魯國主管看門的女兒名嬰，和同伴一起緝麻線。半夜哭泣。同伴問：「為什麼哭？」嬰說：「我聽說衛國世子不肖，所以哭。」同伴說：「衛國世子不肖是諸侯擔憂的事，您怎麼為這件事哭泣？」嬰說：「我聽說的，和您說的不同。從前宋國的桓司馬得罪了宋國國君，逃到魯國，他的馬逃到我的菜園裡打滾，還吃我園子裡的冬葵。這年，我聽說管理園子的人損失了一半的收成。越王勾踐起兵攻打吳國，各國畏懼他的威勢，魯國獻美女，我的姊妹就在其中。我哥哥去看她，在路上因畏懼而自殺。越國的軍隊攻打的是吳國，死去哥哥的，卻是我。由此看來，禍福是互相關聯的！現今衛國世子不肖、好戰，我有三個弟弟，能不擔憂？」（西漢．韓嬰《韓詩外傳》卷二）

這則〈魯監門之女嬰〉是說，整個天下的形勢是緊密而有關連的，掌權者的任何一個舉動，都會影響下層的老百姓，而且影響巨大，往往會要了百姓的命或是毀滅他們的家園，傳達出天下大勢安危與共、禍福相連的主旨。

在故事中，女主角嬰的遭遇是透過她的口述告訴同伴的，但是這樣不如帶著讀者親臨現場去感受。如果改成透過嬰的回憶，將她家人的悲慘遭遇直接「演」給我們看，將使嬰的處境多了幾分孤寂的感覺。

◎◎◎◎◎ 寫作新思路　書寫回憶

我們回憶過往，可能是被某個景物、某個片段的畫面或某種情境所喚醒，它們就像大腦的入口，讓我們一直往下挖掘過去的事蹟。

但要注意的是，並不是使用一般的倒敘法就可以書寫回憶，還要再加入現在式的片段混合起來寫，製造**今昔錯雜**的感覺，因為回憶往往是斷斷續續和流動的，並非從頭到尾完整的呈現。請按照以下的步驟一步步來寫：

1. **被喚醒**：先設定一件事物以引起回憶。開頭寫嬰正在緝麻線，卻從麻線的交織，想起了家中悲慘的往事。如：「魯國主管看門的女兒名嬰，這天半夜和同伴一起緝麻線。她用力一拉，麻線摩擦發出聲響。她怔怔的看著交錯的麻線，舊憶如織，湧上心頭。」

2. **回憶一**：將第一件回憶與緝麻線的動作交錯來寫，並用第一人稱。如：「（昔）從前宋國的桓司馬得罪了宋國國君，逃到魯國，他的馬逃到我的菜園裡打滾，還吃掉我園子裡的冬葵。這年，我聽說管理園子的人損失了一半的收成。……（今）嬰雙手搓著麻線，三股搓成一股，用力一扯，發出了弓弦絞緊般的聲音。」

3. **回憶二**：用同樣的方法寫第二件回憶。如：「（昔）弓弦響起，箭如雨般落下。越王勾踐起兵攻打吳國，各國畏懼他的威勢，魯國獻美女，我的姊妹就在其中。哥哥去看她，在路上因畏懼而自殺。……（今）嬰的雙手搓到紅腫，眼圈也紅了。」

最後，將以上寫好的內容融入原文裡，就大功告成了！

故事新編

魯國主管看門的女兒名嬰，這天半夜和同伴一起緝麻線。她用力一拉，麻線摩擦發出聲響。她怔怔的看著交錯的麻線，舊憶如織，湧上心頭。

「從前宋國的桓司馬得罪了宋國國君，逃到魯國，他的馬逃到我的菜園裡打滾，還吃掉我園子裡的冬葵。這年，我聽說管理園子的人損失了一半的收成。……」嬰雙手搓著麻線，三股搓成一股，用力一扯，發出了弓弦絞緊般的聲音。

「弓弦響起，箭如雨般落下。越王勾踐起兵攻打吳國，各國畏懼他的威勢，魯國獻美女，我的姊妹就在其中。哥哥去看她，在路上因畏懼而自殺。……」想到這裡，嬰的雙手搓到紅腫，眼圈也紅了。

同伴覺得奇怪，問：「妳為什麼哭？」嬰說：「我聽說衛國世子不肖，所以哭。」同伴說：「衛國世子不肖是諸侯擔憂的事，您怎麼為這件事哭泣？」嬰說：「我聽說的，和您說的不同。」便把家中發生的事說了，同伴默然不語。

嬰啜泣，說：「由此看來，禍福是互相關聯的啊！現今衛國世子不肖、好戰，我有三個弟弟，能不擔憂？」

魯監門之女嬰①

魯監門之女嬰，相從績②。中夜而泣涕③。其偶曰④：「何謂而泣也⑤？」嬰曰：「吾聞衛世子不肖⑥，所以泣也。」其偶曰：「衛世子不肖，諸侯之憂也。子曷為泣也⑦？」嬰曰：「吾聞之，異乎子之言也。昔者宋之桓司馬得罪於宋君⑧，出於魯⑨，其馬佚而驟吾園⑩，而食吾園之葵。是歲⑪，吾聞園人亡利之半⑫。越王勾踐起兵而攻吳⑬，諸侯畏其威，魯往獻女，吾姊與焉⑭。兄往視之，道畏而死。越兵威者吳也，兄死者我也。由是觀之，禍與福相及也⑮。今衛世子甚不肖，好兵⑯，吾男弟三人，能無憂乎？」

注釋

①魯監門：魯國主管看門的人。嬰：人名。
②相從績：和同伴一起緝麻線。
③中夜：半夜。
④偶：同伴。
⑤何謂：為什麼。
⑥衛世子：衛國君的嫡長子。世子：天子、諸侯的嫡子。不肖：不賢，無才能。
⑦曷：音何，為何。
⑧司馬：職官名。周代為主掌武事之官，漢代則為三公之一，後世也常以大司馬稱兵部尚書。
⑨出：逃亡。
⑩佚：同「逸」，逃跑。驟：音碾，在地上打滾。
⑪是歲：這一年。
⑫亡：損失，失去。
⑬勾踐：春秋時越王，曾打敗吳王夫差。
⑭與：音欲，參加。
⑮相及：相關連。
⑯好兵：喜歡打仗。

09 人物的初登場

故事中的人物登場，一如戲劇中人物的現身，可不能馬虎輕率。出場效果好，可以為後面的故事打下基礎；如果一出場就漏氣，那讀者就會失去讀下去的興趣。

經典寓言

西施心口疼痛、皺著眉頭在鄰里間行走，鄰里的一個醜女看見了，認為皺眉很美，回去後，也在鄰里間捂著胸口皺著眉頭。有錢人看見了，緊閉家門而不出；貧窮的人看見了，帶著妻兒子女跑開。那個醜女只知道皺眉好看，卻不知道好看的原因，豈不可惜？（戰國・莊周《莊子・天運》）

〈西施病心〉的原文裡，主要有兩個人物：西施和醜女（俗稱「東施」）。西施初登場就是捧心蹙眉的形象，但是作者並沒有描述她的相貌到底有多美，只是「告訴」我們有這樣一回事。東施的形象也是模糊不清，我們只知道她很醜，卻不知道她到底醜成什麼模樣。

作者在很短的篇幅裡把角色帶出來，但大部分的人讀了只能看到輪廓，卻不知道兩人真實的模樣，如果換成我們來寫，該怎樣寫才好呢？

比較好的寫法應該是：人物初次登場時，先具體勾勒這人的相貌，給讀者想像的空間。換言之，只要專注點出幾個很有特色的細節，就可以達到很好的效果。

很多作者都覺得，如果不先將人物介紹清楚，故事就說不下去。所以角色剛登場時，非得要「說明」一下他的性格不可。但這樣的作法往往過於簡潔，**我們想看的，其實是作者細膩刻劃的「細節」，而不是抽象的敘述**。

因此，要使人物富有個性，與其用說明的方式講解，不如透過人物的行動、反應、心理與對話來呈現。同樣的，想要了解人物的相貌，不如挑選他臉上或身上的某些部位來刻劃。比如說，指出西施的氣質、東施的容貌，將她們的美與醜對照，這樣的寫法會創造更豐富的想像。

除了專注於塑造人物，我們還可以隨著故事的開展，慢慢透過人物的言行，讓他的性格自然呈現。例如故事中，東施學西施捧心蹙眉卻學得很醜，受到鄰里排斥，如果能寫出東施面對鄰里時的反應，就能讓讀者對她的內在有更深的了解。

假如東施惱羞成怒，甚至潑婦罵街，那麼她的內在就如外表的醜一樣，讓人不敢恭維；假如東施只是默默流淚、轉身離去，我們就覺得東施的心地善良、容易受傷，故事就會有更深層的意義。

所以，不妨一點一滴的拋出麵包屑，讓讀者一步步跟著故事，去了解、認識人物。這種寫法，會使讀者對人物有更深刻的理解，這是用「說明」的方式所達不到的。只要掌握這樣的訣竅，自然就可以讓故事更容易得到讀者的心。

故事新編

她白淨的手拿了一朵紅玫瑰，插在烏黑的秀髮上；她有完美的肩膀和脖子，但脖子上，卻是一張綴滿了雀斑的麻子臉和朝天鼻。

她是東施，中午時站在人來人往的大街上按著胸口、皺著眉頭，凌亂的眉毛糾結在一起，顯得殺氣十足。林員外不小心看見，嚇得將門給關上了；張阿瘦也趕緊帶妻子、孩子們躲開。很快的，街上的人都跑光，只剩下滿地的落葉。

東施站在空曠的街上，彎腰撿拾一片落葉，葉子是完整的心形，讓她想起西施捧心的模樣：那時黑石鋪地的街道襯托西施潔白的衣裳，西施捧心蹙眉，眼神卻柔和平靜，猶如白玉雕成的觀音，散發出一股莊嚴美。東施深深的嘆了一口氣。

小巷裡，張阿瘦對妻小說：「東施只知道西施捧心很美，卻不明白西施為什麼美。小心，胡亂模仿的結果就是成了四不像！」

經典原文　西施病心①

西施病心而矉其里②，其里之醜人見之而美之，歸亦捧心而矉其里③。其里之富人見之，堅閉門而不出；貧人見之，挈妻子而去走④。彼知矉美而不知矉之所以美⑤，惜乎！

注釋

①西施：春秋越國苧蘿（今浙江諸暨縣南）人。本為浣紗女，因為貌美，由越王句踐獻給吳王夫差，目的是迷惑忘政，後吳果然為越所滅。見《吳越春秋》。病心：罹患心痛病。

②矉：音貧，同「顰」，皺眉。

③捧心：雙手捂著胸口。

④挈：音竊，帶領。

⑤彼：她，指醜女。

10 寫對話的藝術

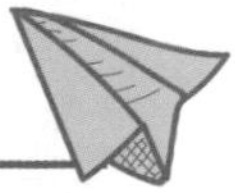

對話是刻劃人物的重要工具，好的對話可以透露人物的出身背景、社會地位、為人處世和性格特徵，所以寫對話時，作者必須先角色扮演，仔細的揣摩人物。

經典寓言

莊子和惠子行走在濠水的橋上。莊子說：「儵魚游得很從容，這魚很快樂啊。」

惠子說：「你不是魚，怎麼知道魚的快樂？」

莊子說：「你不是我，怎麼知道我不知道魚的快樂？」

惠子說：「我不是你，當然不知道你的感知；你原本不是魚，你不知道魚的快樂，那是完全可以肯定的。」

莊子說：「請從根本說。你說『你怎麼知道魚的快樂』這話所說的，就是你已經知道了我所感知的然後才問我，我是在濠水上知道魚的快樂的。」（戰國・莊周《莊子・秋水》）

在〈魚之樂〉的原文裡，莊子與惠子的一番爭辯，是從對話中進行邏輯推論，辯論對方何以知道魚的感受，又何以知道彼此的感受。

這樣的文章應該是相當精采的，可惜的是，這種邏輯很強的對話呈現在我們眼前，卻像兩個機器人在講話，語氣生硬、冰冷，邏輯推論的部分也像繞口令，讓人讀了摸不著頭腦。

老實說，要讓人物「開口說上一句好話」，可一點都不簡單！多數作者都覺得，寫對話遠比寫動作或描述還要來得辛苦。因為當你筆下的人物一開口說話，讀者就會感受到這個人物到底是被寫得靈活生動，還是像殭屍般沒有生命力。

所以，這裡我們就來談談寫對話的藝術，這也是塑造人物形象很重要的一環。

◎◎◎◎◎寫作新思路　對話

當我們寫到有關對話的場面時，要注意，**一段有趣的對話，基本上由「敘述」、「對話」、「動作」三者所組成**，一個好看的故事，需要這三個要素互相配合才行。

如果只有對話，比如：「我覺得毛毛的。」我說。「該不會是鬼吧？」她說。這樣就顯得太單調。這時，只要加上一些**動作**，就會顯得生動許多，比如：「我覺得毛毛的。」我緊縮一下身子。「該不會是鬼吧？」她打了個寒顫。

如果我們在上面的例子中，再加上一些**敘述**，劇情就出現了：到了半夜，我聽見窗外傳來「啪啪」敲擊玻璃的聲音，我便衝進妹妹的房間，說：「我覺得毛毛的。」我緊縮一下身子。「該不會是鬼吧？」妹妹用力打了個寒顫。

此外，好的對話同時具有塑造人物的作用，在對話中加上這個人物的**慣用語氣**，或是**常用詞彙**，就能表現人物的氣質。例如，「你該不會真的想把那垃圾吃下肚吧？」他說。「我看不出這跟你有啥關係！」我說。前者說話的態度相當不客氣，後者用了「啥」字，表現出更不客氣的態度，用意在反擊對方。

有時，對白和後面的解釋如果搭配不上，讀者就無法了解人物在表達什麼。比如：「這成什麼樣子！」她驚訝的說。如果後面沒有解釋「驚訝」，也沒有驚嘆號，讀者光從「這成什麼樣子」一句，完全無法感受到人物的情緒，這就是失敗的對話，所以對白和後面的解釋必須力求搭配才好。

故事新編

莊子和惠子行走在濠水的橋上。莊子指著水裡的魚兒，說：「看，鯈魚游得很從容，這魚很快樂啊！」

惠子鄙夷的說：「你不是魚，怎麼知道魚的快樂？」

莊子仰頭，打了一個哈哈：「怪了！你不是我，怎麼知道我不知道魚的快樂？」

惠子說：「我不是你，當然不知道你的感知。」悶哼一聲，又說：「但你原本不是魚，你當然也不會知道魚的快樂。」

莊子微笑：「讓我們理清楚。你剛才說『你怎麼知道魚的快樂』這話的意思，就是你已經知道了我所感知的，然後才問我。現在我告訴你，我是在濠水上知道的！」

經典原文　魚之樂

莊子與惠子遊於濠梁之上①。莊子曰：「鯈魚出遊從容②，是魚之樂也。」

惠子曰：「子非魚，安知魚之樂③？」

莊子曰：「子非我，安知我不知魚之樂？」

惠子曰：「我非子，固不知子矣④；子固非魚也，子之不知魚之樂，全矣⑤。」

莊子曰：「請循其本⑥。子曰『汝安知魚之樂』云者，既已知吾知之而問我，我知之濠上也。」

注釋

①莊子：即莊周，戰國時宋國蒙人，生卒年不詳。人生觀崇尚自然無為，逍遙自得；政治觀則歸於無為而治，著有《莊子》。惠子：即惠施（約前三七〇年—前三一〇年），宋國人。戰國時哲學家，曾任梁相。有辯才，與莊周友善，和公孫龍皆為名家的代表。濠梁：濠水上的橋。

②鯈魚：一種銀白色的魚。鯈，音由。

③安：怎麼。

④固：本來，固然。

⑤全：完全。

⑥循其本：從根本說起。

關鍵

2

寫出好故事，創意構思很重要

沒有創意的頭腦，
就寫不出有創意的故事，
善用各種創意思考的方法，
可以幫助寫作者構思出與眾不同的內容，
同時，也能更精進自我創新的能力。

11 組合可以產生新的創意

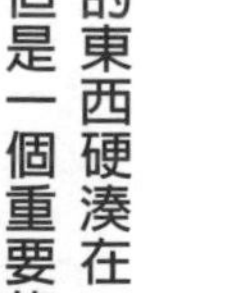

將不相干的東西硬湊在一起，往往能產生新的創意，但是一個重要的原則就是：這些事物的相似性越低、差異越大，就越能激發出偉大且新奇的靈感，是相當好用的構思方法。

經典寓言

雄孔雀的尾巴金黃、翠綠，絕非畫家們用彩筆能夠描繪得出來的。牠們生性本來善妒，雖然馴養了很久，但看見小孩穿著華麗的衣服，一定會追上去啄他們。在山裡棲息的時候，首先要選擇好地方來安放尾巴，然後才安置自己的身體。天下大雨，淋濕了尾巴，捕鳥的人將要到來的時候，牠還在珍惜顧盼自己的尾巴，而不再飛騰起來，最終被捕鳥人抓住了。（明・耿定向《權子》）

這則〈顧惜〉告訴我們因小失大有多麼可怕，有句話叫做「愛惜羽毛」，指的就是故事中的孔雀。珍惜漂亮的尾巴，本來是人之常情，但是愛惜羽毛也要有個限度，如果太過自戀，連敵人將要取自己的性命，如此危及的時刻，卻還在珍惜羽毛而耽誤逃命，就會自食惡果，不能怪別人。

這個故事只有孔雀的例子，顯得單薄了些，如果我們運用「組合」的方式，再創造新的例子，作為相反的對照，將更加突顯故事的寓意。

創意，就是連結和組合不同的事物，成為另一個新事物，是化零為整的綜合能力，從看似無關的事物中，找出關連。下筆前，要先理解材料的意義，接著，將材料排出先後次序，加上創意和想像的內容，就可以順利完成文章。

以下提供三個句子：「二月春風似剪刀」、「花朵從睡夢中醒來」、「櫻花穿上粉紅的衣裳」，這三句原本用來形容春天的景致，請把它們當材料，按照自己的意思運用在改寫文章中，好創造出另一個例子來和「孔雀」對照：

1. **二月春風似剪刀**：意思是「二月的春風恰似神奇的剪刀，將萬物裁出美麗的模樣。」可放置在故事的開頭，點出事件發生在美好的春天，帶出新創的主角「花朵」，也為最後花朵的轉變提供原因。

2. **花朵從睡夢中醒來**：花朵可能被捕鳥人吵醒，它目擊了一切，心生警惕，所以當小孩想要摘取它時，它伸出了最美麗的那片花瓣，引開頑童的注意。犧牲一小片，從而保全自身，是花朵的智慧。

3. **櫻花穿上粉紅的衣裳**：雖然花朵失去了一部分，但當春風吹來，為它換上粉紅的顏色，它仍然能夠美麗的在風中搖曳，原來它就是櫻花，這片缺失的花瓣提醒它珍惜生命的美好。

花朵跟孔雀像是毫無關連，但只要將兩者連結，想出合理的解釋，就能成功將它們串連起來。但是要注意，新創的部分一定要跟主題緊密切合才好。

故事新編

二月春風似剪刀，將萬物裁出美麗的模樣，雄孔雀的尾巴金黃、翠綠，在春風的沐浴下閃閃生光，絕非畫家們用彩筆能夠描繪得出來的。牠們生性本來善妒，雖然馴養了很久，但看見小孩穿著華麗的衣服，一定會追上去啄他們；在山裡棲息的時候，會先選擇好地方安放尾巴，再安置自己的身體。天下大雨，尾巴濕了，捕鳥的人將要到來的時候，孔雀還在珍惜自己的尾巴，而不再飛騰，最終被捕鳥人抓住了。

這時花朵從睡夢中醒來，目擊了一切，害怕得在風中發抖，有個小孩靠過來，伸手想要摘下它。花朵想起剛才那一幕，靈機一動，向小孩伸出它最驕傲、最美麗的那片花瓣，果然小孩被這片花瓣給吸引住，便摘下來放在書頁裡。

花朵失去了一部分，這讓它黯然失色了一陣子。某天，春風吹來，為它穿上粉紅色的衣裳，它在風中微微搖曳，經過的小孩指著它說：「那是櫻花啊！」櫻花站在枝頭上，缺失的花瓣不影響它的美，那是在提醒它生命的美好。

◎◎◎◎經典原文　顧惜

孔雀雄者毛尾金翠①，殊非設色者彷佛也②。性故妒③，雖馴久④，見童男女著錦綺⑤，必趁啄之⑥。山棲時⑦，先擇處貯尾⑧，然後置身。天雨尾濕，羅者且至⑨，猶珍顧不復騫舉⑩，卒為所擒⑪。

注釋

①毛尾金翠：指雄性孔雀開屏時，尾巴呈現金黃翠綠色的花紋。

②殊非：絕不是。設色者：畫家。仿佛：同「彷彿」，似乎、好像。

③故：本來。

④馴久：馴養很久。

⑤著：穿著。錦綺：華麗的絲綢衣服。綺，音起。

⑥趁：追逐。

⑦棲：音妻，居住、停留。

⑧貯：音主，藏。

⑨羅者：用網羅捕鳥的人。且：將要。

⑩騫舉：振翅高飛。騫，音牽。

⑪卒：終究。

12 逆向思考可產生新觀點

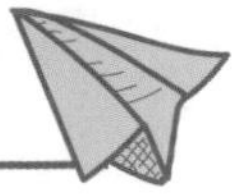

逆向思考可以刺激新的想法，讓問題起死回生，運用在閱讀和寫作上，也能夠幫助我們創新觀點。在練習寫作時，試著讓自己挑戰「多角度的」思考方式，寫出翻轉的想法。

經典寓言

子游作武城的縣官時，城門外的土墩上住的鸛鳥，有一天把巢窠搬到墳墓前面的石碑上。守墳墓的老漢就把此事告訴了子游，說：「鸛鳥，是能夠預知天將下雨的鳥，突然把巢搬到高處，說明要淹水了！」子游說：「知道了。」他立即命人準備船隻等待大水的來臨。過了幾天，果然大雨成災，城門外的土墩被淹沒，雨下個不停，水漲得都快淹沒墳前的石碑。鸛鳥的巢眼看要被沖走，牠飛來飛去地悲鳴，不知道跑到哪裡安居才好。

子游見了，歎息說：「可悲啊！鸛鳥雖有預見，可惜考慮得不夠長遠！」

（元・劉基《郁離子・玄豹》）

這則〈鸛鳥遷巢〉的寓意是說，預知不等於有遠見，光是有預知而沒有遠見，還是無法防患於未然。所以我們不要學鸛鳥，而是應該見微知著，事先對水災有充足的防備，有長遠的計畫和安排——這是一般人解讀的觀點。

讀完以上的故事，如果還想要產生新觀點，不妨運用「逆向思考」，打破傳統的成見，用另一個角度看事情，創意力就會源源不絕的產生。

寫作新思路　逆向思考

傳統的思考方式，就像透過一條細長的水管看世界，視野狹窄，看問題的角度和範圍都受到限制，靈活性不足，不容易產生新的想法。比如讀了〈鸛鳥遷巢〉，只能被動的接受作者給我們的寓意，而無法有新觀點。

逆向思考則像個膽大而沒有顧忌的孩子，具有創造性的破壞力：破壞了傳統刻板的觀念，卻創造出新穎的觀點。比如我們試著站在「鸛鳥」的角度想，將故事改成鸛鳥才是有遠見的，只是人類的目光淺短，無法了解鸛鳥的心意：

1. **改變視角：**將第三人稱改成第一人稱自述，以「鸛鳥」的角度來看整個事件，以便傳達心聲。如：「我是鸛鳥，一直住在城門外的土墩上。最近我聞到空氣中略帶濕氣，就知道即將大雨。」
2. **改變動機：**為鸛鳥「翻案」，原本想自保變成無私的警示人類。如：「為了警告人們，於是我將巢穴遷移到一個墳墓前面的石碑上。」
3. **配角上場：**將主要角色子游和老漢改成配角，讓鸛鳥在旁聽見他們的對話，見到子游的處理方式，而有感想。
4. **改變結尾：**將鸛鳥悲鳴的部分放在結尾，以突顯牠自我犧牲的偉大，並且對比人類自以為是的態度，使故事的寓意完全改變。

經過改寫，原本的寓意就變成：人類不懂鸛鳥的苦心，以為能夠成功逃脫災難完全是自己的功勞，由此可見人們的淺薄無知和鸛鳥的偉大。

故事新編

我是鸛鳥，一直住在城門外的土墩上。最近我聞到空氣中略帶濕氣，就知道即將大雨，為了警告人們，於是我將巢穴遷移到墳墓前面的石碑上。

守墳墓的老漢看見了，就把此事告訴武城的縣官子游，說：「鸛鳥，是能夠預知天將下雨的鳥，突然把巢搬到高處，說明要淹水了！」子游說：「知道了。」立即命人準備船隻等待大水的來臨。我看見這一切，心中一喜，心想人類總算明白我的苦心，應該能順利地度過這場水災。

過了幾天，果然大雨成災，我原來住的地方被淹沒，雨下個不停，水漲得都快淹沒我的新家。眼看我的巢穴就要被沖走，子游卻說：「可悲啊！鸛鳥雖有預見，可惜考慮得不夠長遠！」我聽了，只能在巢穴上方飛來飛去地悲鳴，我犧牲全副身家換來人類的平安，誰能理解這番用心？

◉◉◉◉經典原文　鸛鳥遷巢①

子游為武城宰②。郭門之垤有鸛③，遷其巢墓門之表④。墓門之老以告曰⑤：「鸛，知天將雨之鳥也。而驟遷其巢⑥，邑其大水乎⑦！」子游曰：「諾。」命邑人悉具舟以俟⑧。居數日，水果大至。郭門之垤沒而雨不止。水且及於墓門之表，鸛之巢翹翹然⑨。徘徊長唳⑩，莫知其所處也。

子游曰：「悲哉！是亦有知矣，惜乎其未遠也！」

注釋

①鸛鳥：形體像鶴的一種鳥類。鸛，音冠。

②子游：孔子的弟子，姓言，名偃，字子游，春秋時吳國人。武城：魯國的小城邑。宰：縣官。

③郭門：外城門。垤：音跌，小土堆。

④表：石碑。

⑤墓門之老：看守墳墓的老人。

⑥驟：突然。

⑦邑：音義，城市，指武城。其：語氣詞。

⑧邑人：鄉邑中的人。悉：全部。具：準備，設置。俟：音似，等待。

⑨翹翹然：危險的樣子。翹，音橋。

⑩唳：音利，鳥類高聲鳴叫。（鸛鳥因不具鳴管而無法發聲，僅能碰撞兩嘴表示情感，此為原作者之誤。）

13 換位思考下的不同觀點

在社會學中，設身處地，多去站在別人的角度上思考，是換位思考最重要的精髓。而在寫作時，作者也要能設身處地的去理解每個人物，也就是「想人所想，理解至上」。

◎經◎典◎寓◎言

從前宋國有個農夫，經常穿破舊的麻衣，就靠這過冬。到了春天往村東耕作時，他在太陽底下曝曬，卻不知道天下有大廈豪宅、裘皮錦衣。他對妻子說：「曬太陽取暖，沒有人懂得把這個方法獻給我們的君王，肯定會有重賞！」（戰國・列禦寇《列子・楊朱》）

在〈負暄獻曝〉的故事裡，一個事件發生了，但是作者只聚焦在農夫的觀點，卻沒有讓農夫的妻子、君王有發表意見的機會。只呈現單一觀點，使得這則故事所傳遞的思想太過簡單，也讓讀者難以深入思考。

事實上，如果我們能讓農夫的妻子有所回應，讓她能站在反對農夫的立場，阻止他「獻曝」；或者讓君王在聆聽農夫的「獻曝」之後，也許是嘲笑農夫，也許是同情憐憫，那麼故事就有了更深一層的意義，我們能從中看到妻子的個性或是統治者的殘酷、憐憫。

這種透過不同的人物呈現觀點的方法，運用的就是「換位思考」，可以讓人物彼此之間激盪出更多的火花。

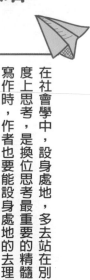

寫作新思路　換位思考

換位思考，就是用同理心站在別人的角度思考問題，對寫作者來說，是一項很重要的能力。例如，我們在描述人物時，使用與這個人物的身分搭配的語言，才能傳達他的思想，也能順便告訴讀者他的過去、他的教育背景，以及他所處的社會文化、地位等等。所以，去深入研究和想像自己是書中的人物，是必要的工作。

好比寫農夫，就該有農夫說話的口吻；寫君王說話，也要有貴族的儀態和氣勢。同樣的，他們思考事情也會有不同的觀點，如果你的描述可以傳遞人物的所思、所感，人物就會給人一種親近、真實的感覺。

因此，我們在說故事時，應該先設定好每個人物的身分背景、生活經驗、教育程度、文化思維等等，然後進行研究，再運用人物所慣用的語言詞彙來表達。那麼，寫出來的故事，就不只是告訴讀者發生了什麼事，而是透過人物的經驗和感官來勾勒與描述，拉近了讀者與人物的距離。

相反的，如果我們沒有精準的掌握上述這些，以致於讓農夫出口成章，滿口的「之乎者也」（除非是故意這樣設定），超過或誤植了這個人物的能力範圍，這樣的角色就會讓故事缺乏說服力，也拉遠了和讀者的距離。

讓我們試著將這則故事改動一下，增加妻子和君王的「戲份」，再為他們設計符合他們觀點的對話，這樣將能深化故事想傳達的寓意。

故事新編

從前宋國有個農夫，經常穿破舊的麻衣過冬。每到春天開始耕作時，他就在太陽底下曝曬取暖，卻不知道天下有可避寒的大廈豪宅和裘皮錦衣。有一天，他對妻子說：「孩子的娘，這曬太陽取暖，多暖啊！如果咱把這法兒獻給君王，肯定有重賞！」

農夫的妻子「哼」了一聲：「孩子的爹，你以為沒人告訴君王嗎？君王是多麼崇高！怎麼不知道用太陽取暖？你別多事了，惹人笑話！」她的話像一根尖銳的釘子扎過去，農夫卻不為所動，放下耕作的鋤頭，回家把全身的臭汗擦乾淨，再換上比較不那麼破的衣裳，就撒開腳步進城去了。

進了城，農夫要求晉見君王。宋君接見了，他聽了農夫的「方法」後，忍不住微笑，群臣也笑出聲來。宋君一邊撫摸身上的貂裘，一邊說：「你的方法很好！這樣，我賞你兩件狐裘，你帶回去過冬。」

農夫喜孜孜的帶著狐裘回家，和妻子一起穿上了君王送的大衣，奇怪的是，從此以後，他們再也不覺得需要太陽了。

經典原文

負暄獻曝①

昔者宋國有田夫②，常衣縕黂③，僅以過冬。暨春東作④，自曝於日。不知天下之有廣廈隩室⑤，綿纊狐貉⑥。顧謂其妻曰：「負日之暄，人莫知者。以獻吾君，將有重賞！」

注釋

①負暄：接受日光曝曬。暄：音宣，暖和。曝：音瀑，曬。

②田夫：農夫。

③衣：音易，動詞，穿。緼黂：破絮亂麻。緼：音運，亂麻。黂：音墳，麻絮。

④暨：音記，等到。東作：往村東耕作。

⑤廣廈：寬廣高大的房屋。隩室：幽深的屋子。隩，音奥。

⑥綿纊：絲棉絮衣。纊：音礦，棉絮。狐貉：指用狐狸和貉的毛皮製成的裘衣。貉，音何。

14 聯想，製造新奇的感受

聯想要有創意，打破框架是重要的關鍵。同樣寫愛情，有的人會說「妳是我的玫瑰花」，有人卻說「妳是我心頭上的硃砂痣」，創意就在打破陳規中乍現！

◉◉◉◉ 經典寓言

莊周在雕陵內的籬笆旁漫步，見一隻怪鵲從南方來，翅膀寬七尺，眼睛一寸長，觸碰到莊周的額頭，棲息在栗林中。莊周說：「這是什麼鳥？翅膀大卻不會飛，眼睛大卻不會看？」他提起裙子快跑，等著用石子打鳥。他看見一隻蟬，因為剛找到蔭涼的地方而忘記藏身；另一隻螳螂躲在樹葉後面隱蔽著，以為將要捉到蟬而忘記藏身；那怪鵲準備抓螳螂來吃，也是只知道美味而忘了藏身。

莊周驚覺道：「噫！事物有福禍兩面，福禍是互相依存的啊！」於是丟掉石子走了。管栗園的人追著問他怎麼回事。莊周回到家，三個月心情都不太好。

（戰國・莊周《莊子・山木》）

這則〈莊周逐異鵲〉的寓意是說，禍與福、利與害是互相依存的關係，如果像故事中的蟬、螳螂、鳥那樣顧前不顧後，是很危險的，甚至會危及性命。

至於莊周自己，不也是受到管栗園的人的監視嗎？所以他丟掉石子離開，就是告訴我們，避開招惹禍患的環境，才是唯一的生存之道。

故事藉著幾種動物，環環相扣成一個完美的整體，結構完整，寓意深刻。如果我們在幾個地方加上聯想，就能製造新奇的感受，使故事更加精采。

◎◎◎◎◎寫作新思路　聯想

聯想，是人們受到某個人、事、景、物的觸發後，想到另一個相關事物的心理過程，比如說，從看到「明月光」受到觸發，聯想到「故鄉」，引發思鄉之情（「舉頭望明月，低頭思故鄉。」唐・李白〈靜夜思〉）。

修辭學上的譬喻、擬人、誇飾等，都需要藉由聯想，才能完成，而且需要創意和巧思。比如這句：「青綠的絨毯一夕變成皺縮的碎紙版。」（向陽〈春回鳳凰山〉）就是一種很有創意的聯想。

在本故事中，我們可以針對鳥、蟬、螳螂、莊周的外在形象或內在感受，運用聯想，加上修辭，創造出好的句子。讓我們跟著以下的說明寫寫看：

1. **接近聯想**：距離描寫對象最接近，是從事物的形狀、顏色等進行聯想。如：「怪鳥的翅膀寬七尺，張開有如黑雲蔽日、撲天蓋地。」

2. **類似聯想**：距離描寫對象比較遠，是從A事物聯想到與它特性相似的B事物，這兩種事物只要有一點點相似，就可以產生關連。如：「他看見一隻蟬，發出轟隆隆的鳴聲像一列火車疾駛過來。」又如：「螳螂伺機獵食，就像漁翁垂釣一樣。」

3. **相反聯想**：是從事物的大小、強弱、濃淡、是非、善惡、冷熱等截然相反的方向，聯想出另一種事物，可以強化彼此的形象。如：「莊周驚覺，但內心就像平靜的湖水，不起波濤，只微有漣漪。」

聯想需要想像力，才能打破框架的限制，製造意外的感受。平日可以從具體的事物去練習，也可以從抽象的概念進行聯想，自然就熟能生巧。

故事新編

莊周在雕陵內的籬笆旁漫步，見一隻怪鵲從南方飛來，翅膀寬七尺，張開有如黑雲蔽日、撲天蓋地；眼睛一寸長，飛下來時碰到莊周的額頭，棲息在栗林中。

莊周驚訝的說：「這是什麼鳥？翅膀大卻不會飛，眼睛大卻不會看？」他提起衣服快跑，等著用石子打鳥。這時，他看見一隻蟬，發出轟隆隆的鳴聲像一列火車疾駛過來，因為剛找到蔭涼的地方而忘記藏身；另一隻螳螂躲在蟬後面伺機獵食，就像漁翁垂釣一樣，躲在樹葉後面隱蔽著，以為將要捉到蟬而忘記藏身；而那怪鵲在後面準備抓螳螂來吃，也是只知道美味而忘了藏身。

莊周心中一驚，但隨後又像平靜的湖水，不起波濤，只微有漣漪，他悟到：「噫！事物有福禍兩面，福禍是互相依存的啊！」於是丟掉石子走了。管栗園的人追著問他怎麼回事。莊周回到家，三個月心情都不太好。

◉◉◉◉經典原文　莊周逐異鵲

莊周遊於雕陵之樊①，睹一異鵲，自南方來者，翼廣七尺，目大運寸②，感周之顙③，而集於栗林。莊周曰：「此何鳥哉？翼殷不逝④，目大不睹⑤？」褰裳躩步⑥，執彈而留之⑦。睹一蟬，方得美蔭，而忘其身；螳螂執翳而搏之⑧，見得而忘其形；異鵲從而利之，見利而忘其真⑨。

莊周怵然曰⑩：「噫！物固相累⑪，二類相召也⑫。」捐彈而反走⑬。虞人逐而誶之⑭。莊周反入，三月不庭⑮。

注釋

①雕陵：丘陵名，產栗樹。樊：同「藩」，籬笆。

②目大運寸：眼睛有一寸長。運：長度。

③感：觸及。周：指莊周。顙：音嗓，額頭。

④殷：大。逝：此指飛去。

⑤睹：看見。

⑥褰裳：提起衣裳。褰：音牽，揭起。躩步：走得很快。躩，音決。

⑦留：等待。

⑧翳：音易，遮蔽。搏：捕捉。

⑨真：身體，性命。

⑩怵然：驚懼的樣子。怵，音觸。

⑪相累：此指互相牽累、殘害。

⑫二類：指福與禍。召：引來。

⑬捐：拋棄。

⑭虞人：此指管栗園的人。誶：音歲，責罵。

⑮不庭：心情不好。庭：音逞，快心、如願。

15 聯想搭配心智圖，擴充故事的內容

心智圖的圖像運用和聯想關鍵字，對記憶是有幫助的，就是所謂「關聯性掛勾」。利用心智圖的擴散思考模式，自由聯想出與主題相關的關鍵詞，可訓練收集寫作材料的能力。

◎◎◎◎經典寓言

貓頭鷹遇到斑鳩。斑鳩問貓頭鷹：「你要往哪裡去？」貓頭鷹回答說：「我要往東遷移。」斑鳩問：「為什麼呢？」貓頭鷹回答說：「因為鄉里人都討厭我的叫聲，所以我要往東遷移。」斑鳩說：「你只要改變叫聲就可以了。如果不能改變叫聲，即使你搬到東邊去，叫聲仍然會被人討厭。」（西漢・劉向《說苑・談叢》）

這則〈梟將東徙〉的寓意是說，如果在一個環境中得不到認同，就應該反思自己的問題和缺點，以便更正，而不是逃避。

好比故事中的貓頭鷹，沒有面對自己叫聲不好聽的事實去改正，就算搬家了，一樣會被新鄰居討厭的。相反的，斑鳩的形象理性而智慧，一語道破貓頭鷹的盲點，給予深刻的啟發。

這是一則精采又有深刻寓意的故事，只可惜篇幅太短，使得貓頭鷹和斑鳩的形象都不夠突出，也很難給予讀者更多的想像。如果我們運用聯想搭配心智圖法，就能擴充故事的內容，使事物的形象更加豐滿。

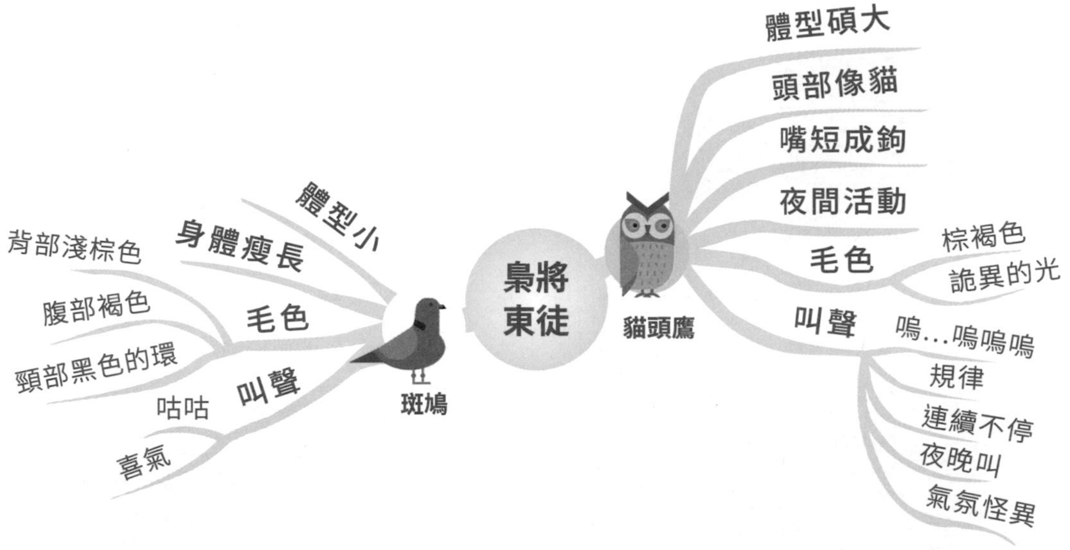

◎◎◎◎◎寫作新思路　聯想＋心智圖

聯想，是透過和主題有關的人、事、景、物，展開豐富的聯想，逐漸帶出主題。**心智圖（Mind Map），又稱為思維導圖，是一種全腦式學習方法**，它能夠將各種點子、想法以及它們之間的關聯性，以圖像視覺的方式呈現。

心智圖法總是從一個中心概念、問題入手，由一些與中心概念發展出來的關鍵字詞、短語或圖像所組成，過程需要運用大量的聯想。讓我們按照以下順序做：

1. **決定中心概念**：中心概念就是主題「梟將東徙」。
2. **延伸第一層詞組**：從中心延伸出「貓頭鷹」、「斑鳩」兩個關鍵詞，這兩個詞就是未來我們要擴充內容的目標，是第一層的主幹。
3. **延伸第二層詞組**：這裡就要運用聯想，只要有關連的都可以寫出來，這是第二層的小支幹。

A. 貓頭鷹：體型碩大、頭部像貓、嘴短成鉤、毛色、夜間活動、叫聲。

B. 斑鳩：身體瘦長、體型小、毛色。

4. **延伸第三層詞組：**繼續延伸到下一層，這是第三層的小小支幹。

A. 貓頭鷹毛色：棕褐色、詭異的光。

B. 斑鳩毛色：背部淺棕色、腹部褐色、頸部黑色的環。

C. 貓頭鷹叫聲：「嗚……嗚嗚嗚」、規律、連續不停、夜晚叫、氣氛怪異。

D. 斑鳩叫聲：「咕咕」、喜氣。

畫好心智圖後，我們再將圖中的關鍵字詞組織起來，成為一篇文章。在這裡，只要按照原文的架構，將心智圖聯想出來的內容套用進去就好。

故事新編

貓頭鷹站在粗大的樹枝上，牠的體型碩大，頭部像貓，嘴短成鉤，棕褐色的羽毛在黑夜閃著詭異的光。牠忽然發出「嗚……嗚嗚嗚」的叫聲，有規律的，連續不停的叫，襯著黯淡的月光，令夜晚多了幾分怪異的氣氛。

斑鳩迎面飛來了，也停在同一根樹枝上，牠的模樣倒是比較討喜：身體瘦長，體型小，背部是淺棕色，腹部是褐色，頸部有黑色的環。

斑鳩抬頭「咕咕」叫了兩聲，帶點喜氣，沖淡了夜晚怪異的氣氛。牠問貓頭鷹：「你要往哪裡去？」貓頭鷹回答：「我要往東遷移。」斑鳩問：「為什麼呢？」

貓頭鷹回答：「因為鄉里人都討厭我的叫聲，所以我要往東遷移。」

斑鳩抖了一下羽毛，搖搖頭說：「你只要改變叫聲就可以了。如果不能改變叫聲，即使你搬到東邊去，叫聲仍然會被人討厭呀！」

經典原文　梟將東徙①

梟逢鳩②，鳩曰：「子將安之③？」梟曰：「我將東徙。」鳩曰：「何故？」梟曰：「鄉人皆惡我鳴，以故東徙。」鳩曰：「子能更鳴④，可矣。不能更鳴，東徙猶惡子之聲。」

注釋

①梟：音消，貓頭鷹。東徙：遷移到東方。徙：音喜，遷移。
②鳩：斑鳩。
③安：何處，哪裡。
④更：改變。

16 用提問法充實故事的內容

有效的思考，要從懂得「問」開始。在構思故事時採取自問自答的方法，不要有任何限制，針對細節提出各種疑問，然後設想答案，往往內容就會逐漸成形。

經典寓言

朱泙漫向支離益學習屠龍的技巧，耗盡了千金的家產。三年後，朱泙漫學成了技術，卻沒有地方可以施展他的技巧。（戰國・莊周《莊子・列禦寇》）

〈屠龍術〉是一則內容簡短的寓言，只用了幾句話，來講一個學習屠龍神技的故事。這則寓言的意思相當明確，就是告訴我們任何事物的學習，都不能完全只憑想像和感受，而離現實太遠。

就像我們在學校讀書，必須將理論的知識和實際的應用結合起來，透過不斷的理解、思考、應用，讓學到的新知識、新技巧，能用來解決生活中的問題，這樣的學習才能夠日益精深、事半功倍。

不然，就會像故事裡的朱泙漫，他在拜師學藝以前，根本沒有想到龍只是古代傳說的神獸，現實世界中根本就沒有這種生物，屠龍的神技又怎麼能應用？所以，人們就將技術高超卻不切實際的事情，稱為「屠龍之術」。

只是原文短短的幾句話，很難傳達更多層次的寓意，想要讓這個故事變得豐滿、精采，只要試試運用提問法，就能擴充故事的內容。

寫作新思路　用提問法構思

每個人第一次看到這則寓言，都會想：「字這麼少，算是個『故事』嗎？」當然，它是個故事，但只能說它是個「情節不豐富的故事」。一個好的故事需要有豐富而完整的情節，閱讀時才能真正感到暢快，激發更多的體會和感悟。

因此，情節對故事來說非常重要，故事好比是一張白紙，等待著讓許多片「**情節拼圖**」慢慢拼湊它，最後組成多采多姿的畫面。

想寫好一個故事，就要花更多的心思去構思情節，我們用「提問法」分析這個簡單的原文，就可以找到擴充內容的線索了，當情節拼圖越來越多，故事的篇幅就能加長。以下，請問自己幾個簡單的問題，然後試著回答：

1. **關於朱泙漫：**

A.他的學習態度好不好？（答：態度佳，好學專注。）

B.他的學習方法對不對？（答：不對，學習前應該先了解學習的內容。）

C.花這麼多錢學屠龍，值得嗎？（答：如果是為了興趣就值得，如果是為了屠龍就不值得了。）

D.他找不到龍，可能會怎樣？（答：他會四處誇耀，但終生都找不到一隻真龍。）

2. **關於支離益：**

A.他知道龍不存在嗎？（答：有兩個可能：知道，故意騙人賺學費；不知道，所以比朱泙漫還要愚昧。）

B.他沒見過龍，是怎麼發明屠龍術的？（答：可能根據神話、野史的紀錄，加上想像力而創作。）

C.他的下場是怎樣？（答：可能教完課就逃走了。）

問問題就是在刺激大腦、促進思考力，我們把各種問題列出來，想出答案，製成表格後，手上就等於有了一份豐富的寫作材料，供我們參考。

故事新編

朱泙漫聽人們說，在離家一百公里外的山上，有一位得道的高人支離益，擁有神奇的屠龍之術，內心很嚮往。想學盡屠龍武藝的朱泙漫花了一些錢，好不容易獲得支離益的首肯拜他為師。支離益內心竊喜：「怎會有這樣的笨蛋！到手的財物不能往外推。」就這樣，朱泙漫在雲霧繚繞的山上日夜苦練，而一心想騙人錢財的支離益則努力翻遍野史、神話，認真的創造一套可以唬人的屠龍術，傳授給他。

朱泙漫花了三年的時間，散盡千金，終於學成下山了，可是回到故鄉後，四處都找不到龍，也無從施展屠龍神技。一貧如洗的他想回到山上找師父詢問龍的蹤跡，卻發現小屋早已空無一人。

不甘心的朱泙漫，逢人便誇耀自己如何學會屠龍的神技，可是終其一生，他都沒有找到一隻真實存在的龍。

經典原文　屠龍術①

朱泙漫學屠龍於支離益，單千金之家②。三年，技成，而無所用其巧③。

注釋

①屠龍術：殺龍的技術。

②單：同「殫」，竭盡。

③巧：精妙的技能。

17 因果關係的重要

真實世界的因果規律多變，故事的讀者則期待有因必有果。凡是沒有因果關聯、不能推動故事進展的事件，都容易成為累贅，或是換來「沒頭沒尾」的評價，為人詬病。

經典寓言

宋國有人擅長製作護手藥膏，他家世代都在水中漂洗棉絮。有人聽說，就奉上百金的報酬購買藥方。家族聚集商議：「我們家世代漂洗棉絮，收入不過幾金。現在賣藥方，立刻賺進百金，不如賣給他！」那人得到藥方，就去說服吳王。不久，越國侵犯吳國，吳王命令他率領軍隊。到冬天，吳軍和越軍水戰，把越軍打得大敗，等到凱旋回來，吳王就賞那人土地。藥膏使手不凍裂的效果一樣，但有人得到封賞，有人卻世代漂洗棉絮，都是因為用在不同的地方。（戰國・莊周《莊子・逍遙遊》）

〈不龜手之藥〉是在說明「創意的思考」，同樣的護手藥，有人用來行軍打仗、裂地封王，有人卻只用來漂洗棉絮，過著勞碌的生活，這兩種人的差別究竟是什麼？其實是人的智慧不同，前者可以跳脫事物的框架，為護手藥膏想出更有創意的用法，而後者只能墨守成規，將藥膏單純的用在漂洗棉絮。

故事傳達的思想非常好，但仔細讀，卻發現許多問題。比如說，護手藥和漂洗棉絮之間的關聯是什麼？那人說服吳王，卻沒有告訴讀者他說的內容是什麼？還有，為何吳王要那人率領軍隊？這和護手藥有什麼關係？

原文的每個部分跳接得太快了，使得很多地方讓人讀不懂。其實只要弄清楚前因後果，將細節補充進去，就能讓讀者更理解文章傳達的思想。

◎◎◎◎◎寫作新思路　因果關係

《小說面面觀》的作者佛斯特，曾舉例說明因果關係在寫作的重要。佛斯特說：「『國王死了，然後王后也去世了』，是故事。但是『國王死了，王后因悲傷過度也去世了』，則是情節。」**情節就是事件的敘述，重點在因果關係**。

讓我們來推敲一下〈不龜手之藥〉中的因果關係。首先，宋人發明護手藥是為了在水中漂洗棉絮時「手不會凍傷」，就將護手藥被發明的主要用途點出來了。

其次，那人得到藥方就去說服吳王，他說的可能是：「藥膏可以用在戰爭，如果遇到天寒地凍的氣候，就給士兵擦手，士兵就能拿穩武器了。」以利誘之，所以能成功說服吳王。

再來，吳王要那人率領軍隊，當然是因為「他最懂得怎麼將藥膏用在戰場上」，因為兩軍交戰時，主帥面對各種危機必須立刻做出反應，既然要將藥膏用來作戰，自然要讓最了解用法的人來擔任主帥。

當我們釐清故事中的各項疑點，清楚交代了每個細節的前因後果，整個故事就變得清晰而發人深省。現在，就讓我們提起筆來寫寫看。

故事新編

宋國有人家族世代都從事在水中漂洗棉絮的工作，他們擅長製作護手藥膏，可防止手部皮膚凍裂。有人聽說了，就奉上百金購買藥方。宋人全家聚集一起商議：「我們家世代漂洗棉絮，收入不過幾金。現在靠著賣藥方，立刻就能賺進百金，不如賣給他吧！」大家都同意了。

那人得到藥方，立刻去說服吳王。他對吳王說：「大王，此藥可以用在戰爭，在天寒地凍時給士兵擦手，士兵就能拿穩武器，戰力立刻提昇數倍！」吳王覺得這是個好主意，就下令大量製作藥膏。

不久，越國侵犯吳國，吳王命令那人率領軍隊。到了冬天，吳軍和越軍水戰，由於吳軍用了護手藥，皮膚不會凍裂，人人都能將兵器發揮最大的戰力，最後大敗越軍。軍隊凱旋回來後，吳王就賞那人土地。

其實藥膏是一樣的，也一樣具有讓手不凍裂的效果，但有人得到封賞，有人卻免不了世代漂洗棉絮的辛勞，這都是因為用途不同啊！

經典原文　不龜手之藥①

宋人有善為不龜手之藥者，世世以洴澼絖為事②。客聞之，請買其方百金③。聚族而謀曰④：「我世世為洴澼絖，不過數金；今一朝而鬻技百金⑤，請與之。」

客得之，以說吳王⑥。越有難，吳王使之將⑦。冬與越人水戰，大敗越人，裂地而封之⑧。

能不龜手一也，或以封，或不免於洴澼絖，則所用之異也。

注釋

①不龜手之藥：防止皮膚凍裂的藥膏。龜：音均，皮膚受凍裂開。

②洴澼絖：在水裡漂洗棉絮。洴，音平。澼：音闢，漂洗。絖：音礦，較纖細的棉絮。

③方：祕方，藥方。

④聚族：召集全家。謀：商議。

⑤鬻：音遇，賣。技：技術。

⑥說：音稅，說服。

⑦將：音降，將領，率領軍隊。

⑧裂地而封：分一塊土地給有功的人享用。裂，分。

18 在故事設置反轉

無法預測和出其不意，是反轉想要達到的效果。沒有人不喜歡驚喜，反轉可以迴避掉套路、老梗等被讀者厭煩的內容。成功的反轉，可令人闔上書本後還念念不忘。

經典寓言

豚澤的人養蜀雞，這種雞身上有花紋，脖子上的毛呈赤色。有一群小雞在四周叫著。忽然有一隻鷂鷹從它們上空飛過，大雞馬上用翅膀護住小雞，鷂鷹抓不到小雞，離開了。後來有烏鴉過來，和小雞一起啄食。大雞看見牠，把牠當成兄弟，和牠戲耍，很是溫順。忽然烏鴉銜了小雞飛走了，大雞懊惱地望著，好像後悔被牠欺騙了。（元．宋濂《宋文憲公全集．燕書》）

〈蜀雞〉的故事告訴我們，人看待事情的態度，是謹慎小心，還是輕忽大意，都會對做事的成敗和人生的禍福，起到關鍵性的作用。

作者在講這個故事以前，先談到燕國、齊國一向友好，某天，齊國打算出其不意的攻擊燕國，然而得知此事的燕國國君，卻不相信臣子的警告，造成失去十個城市的慘禍，這與大雞失去小雞有共同的道理。

這篇故事的寓意深刻，只可惜表現得平淡無奇，結尾尤其沒有力道，而且篇幅太短，沒有足夠的空間埋伏線索，使故事無法有更多的驚奇。所以，我們就來運用一點「反轉」的小技巧，讓這篇故事有不一樣的面貌。

寫作新思路　反轉

驚奇的元素，能抓住我們的注意力。大部分的記敘文都有驚奇的元素在裡面，如果我們可以預測故事的轉折，故事就不可能精采，所以製造驚奇的技巧相當重要。亞里斯多德（Aristotle，前三八四年—前三二二年）說這種效果叫做「反轉」，意思是事物在突然間轉變為相反的狀態，寫作也需要設置反轉製造驚奇。

反轉可以顛覆讀者的認知，**重要的情節反轉一定要先設計好，甚至之前的所有情節都是為了這個反轉作鋪陳用的**。關鍵是：利用一個現象，去設計出完全不同或相反的內容、原因、內情，比如說，這是一個抓雞的故事，我們就轉成為一個抓鷹的故事，轉折的關鍵在「烏鴉」，「豚澤人」則是設局的主宰。

讀者在閱讀時，會不斷解讀作者釋放的線索，不自覺的將這些線索建立起邏輯關係，最後得到出乎意料的結果，例如：好人原來是壞人，壞人原來是好人。如果結局跟讀者想的完全不一樣，就有反轉的效果了。

故事新編

豚澤的人養了一群蜀雞，這種雞身上有漂亮的花紋，脖子上有鮮紅的羽毛，非常可愛。這天是正月初一，主人放完了鞭炮就來餵雞，小雞興奮的啾啾叫，多麼美好！忽然間，一隻鷂鷹從牠們上空飛過，大雞馬上用翅膀護住小雞，鷂鷹抓不到雞就飛走了，雞群又安心的繼續啄米。

過不久，一隻烏鴉過來和小雞一起啄食，大雞看見牠，認出是烏鴉，因為烏鴉不是猛禽，大雞就把牠當成兄弟，和牠跳上跳下的玩耍，十分自在。在天上盤旋的鷂鷹看見這幕景象，靈機一動，立刻飛去池塘，將身上的羽毛滾黑，想學烏鴉，果然鷂鷹也成功的混進雞群了。

就在鷂鷹要出手抓雞時，突然眼前一黑，一隻布袋當頭套上來，一撈、一束，順利的就將鷂鷹抓起來了。原來這一切都是豚澤人的計謀，雞和烏鴉都只是人的棋子，好設下圈套騙到這隻很難抓的鷹。

經典原文　蜀雞①

豚澤之人養蜀雞②，有文而赤翁③。有群雛周周鳴④。忽晨風過其上⑤，雞遽翼諸雛⑥，晨風不得捕，去。

已而有烏來⑦，與雛同啄。雞視之，兄弟也。與之上下甚馴。烏忽銜其雛飛去。雞仰視悵然，似悔為其所賣也⑧。

注釋

①蜀雞：產於蜀地的一種雞。
②豚澤：地名。豚，音屯。
③文：花紋。赤翁：紅色的頸毛。
④雛：音余，小雞。周周：同「啁啁」，狀聲詞，小雞叫聲。
⑤晨風：鳥名。即鸇，外形類似老鷹，羽毛呈青黃色，飛行速度很快，多捕捉鳩、鴿、燕、雀等為食。
⑥遽：音巨，急忙。翼：動詞，用翅膀遮住。
⑦已而：不久。烏：烏鴉。
⑧賣：出賣，欺騙。

19 加入奇幻的元素

在描述夢境或暈眩的狀態時，很適合運用奇幻手法來呈現，內容可以超越時空，筆調帶點似有若無、迷幻的感覺。將精神世界用抽象的描述表現出來，給人一種神祕感。

經典寓言

杞人擔心天會崩塌、地會陷落，沒有地方生存，他覺也睡不好，飯也吃不下。

有人看見杞人的憂愁，就開導說：「天空只是積在一起的氣體，到處都是空氣。你的舉動、呼吸，都是在空氣裡活動的，怎麼還擔心呢？」

杞人說：「如果天真的是一團氣體，那日、月、星辰不就會掉下來嗎？」

那人說：「日、月、星辰只是空氣中會發光的東西，就算掉下來也不會砸傷什麼。」

杞人說：「如果地陷下去呢？」

那人說：「地面只是堆起來的土塊，土地填滿四面的空間，到處都是土塊。你邁開大步跳躍，走來走去，怎麼擔心地會陷下去？」

杞人總算快樂起來，開導他的人也放心了。（戰國・列禦寇《列子・天瑞》）

〈杞人憂天〉的故事是說，人對自己無法了解和解決的問題，不要太早陷入憂愁而無法自拔，不如多多瞭解事物，才能防範災難，進一步愛護大自然。

作者想講一個道理，卻透過另一個角色的勸告間接開導讀者，而杞人從憂心到快樂的變化，使他的形象生動不少，這些都是很好的說故事方法。

只不過，這則故事雖然提到杞人對未來的想像，卻沒有生動的描述它，如果能加上一些奇幻的元素，表現杞人的想像力，將使故事生色許多，也更讓我們明白杞人大腦裡的世界。現在，我們就來加入奇幻情節，讓故事更有趣。

◉◉◉◉◉ 寫作新思路　奇幻手法

在沒有裝備幫助的情況下挑戰地心引力、突破時空限制，一向是人類的夢想，所以飛行、漂浮及自由落體的描述，經常出現在奇幻故事裡。

比如在小說《哈利・波特》（Harry Potter）中，哈利穿著隱形斗篷，不被任何人發現，也能騎上飛天掃帚打「魁地奇」球賽。在電影《復仇者聯盟2：奧創紀元》（Avengers: Age of Ultron）中，「幻視」就可以漂浮在空中。

不過，當我們試著在故事加入奇幻元素時，**一定要讓這段奇幻的描述變成「有意義的」**，不要為了飛而飛，為了漂浮而漂浮，只想製造刺激的感覺，這並不是我們學習寫作的主要目的，我們畢竟希望自己寫的內容更有深度一點，既然這樣，就要設法將奇幻情節和故事的主題綁在一起。

比如在〈杞人憂天〉中，杞人擔心天地崩塌，我們就用奇幻情節來表現他腦中的幻想，製造恐慌的感覺。你也不妨試試看！

故事新編

杞人仰望天空，腦中一暈，只見星星一顆顆地掉落，宛如暴雨，重重擊打下來。他心一慌，腳下突然輕了，地面忽然離他而去，又像踩到流沙往下沉，心臟像要跳到胸口，又將從口中跳出來。他浮在空中，悠悠盪盪，像個無主的孤魂。

杞人伸手亂抓，摸到冰冷的牆，總算有踏實的感覺，這才穩定腳步。他抱著頭喃喃說道：「天要崩塌，地要陷落了！哪裡有我生存的地方？」從此，他覺也睡不好，飯也吃不下。

有人看見杞人的憂愁，就開導他說：「天空只是積在一起的氣體，到處都是空氣。你的舉動、呼吸，都是在空氣裡活動的，怎麼還擔心呢？」

杞人說：「如果天真的是一團氣體，那日、月、星辰不就會掉下來嗎？」

那人說：「日、月、星辰只是空氣中會發光的東西，就算掉下來也不會砸傷什麼。」

杞人說：「如果地陷下去呢？」

那人說：「地面只是堆起來的土塊，土地填滿四面的空間，到處都是土塊。你邁開大步跳躍，走來走去，怎麼擔心地會陷下去？」

杞人總算快樂起來，開導他的人也放心了。

經典原文　杞人憂天①

杞國有人，憂天地崩墜，身亡所寄②，廢寢食者③。又有憂彼之所憂者④，因往曉之⑤，曰：「天，積氣耳⑥，亡處亡氣⑦。若屈伸呼吸⑧，終日在天中行止⑨，奈何憂崩墜乎？」

其人曰：「天果積氣，日、月、星宿⑩，不當墜耶？」

曉之者曰：「日、月、星宿，亦積氣中之有光耀者，只使墜，亦不能有所中傷⑪。」

其人曰：「奈地壞何⑫？」

曉者曰：「地，積塊耳⑬，充塞四虛⑭，亡處亡塊⑮。若躇步跐蹈⑯，終日在地上行止，奈何憂其壞？」

其人舍然大喜⑰。曉之者亦舍然大喜。

注釋

①杞：音起，周朝的諸侯國。

②亡：同「無」，與下文「亡處亡氣」、「亡處亡塊」的「亡」同義。身亡所寄：身體沒有可寄託的地方。

③廢寢食：睡不著覺，吃不下飯。者：語助詞，無意義。

④彼：指杞人。

⑤曉：開導。

⑥積氣：積聚的氣體。耳：而已。

⑦亡處亡氣：氣無處不在。

⑧屈伸：身體四肢的活動。

⑨行止：行動與休息。

⑩星宿：天空的列星。宿，音秀。

⑪中傷：擊中受傷。中，音重。

⑫奈何：怎麼辦。「奈地壞何」是「地壞奈何」的倒裝句。

⑬積塊：堆積的土塊。

⑭充塞：充滿。塞，音色。四虛：四方、天地。

⑮亡處亡塊：沒有什麼地方沒有土塊。

⑯躇步跐蹈：跨開大步跳躍。躇，音除。跐，音此。蹈，音道。

⑰舍然：釋然、放心。舍，音捨。

20 懸疑寫法，步步扣人心弦

捉摸不定的情節、出乎意料的結局，是懸疑故事的特徵，也因為這種不確定感，及線索被重重迷霧遮掩，使讀者非將故事讀完不可，在完整破解謎團後，得到盡興的快感。

◉◉◉◉經典寓言

你難道沒聽說假國人逃亡的事嗎？有一個叫林回的人丟棄價值千金的璧玉，背負初生的嬰兒逃命。有的人說：「因為錢財嗎？初生的嬰兒值錢太少啊；因為省力嗎？初生的嬰兒拖累更多。丟棄價值千金的璧玉，背負初生嬰兒而逃命，為什麼？」林回說：「千斤之璧只與利益相結合，背負嬰兒是與天道相一致的。」

（戰國・莊周《莊子・山木》）

這則〈林回棄璧〉的故事是說，林回在國家被晉國滅亡，所有人都在逃命的時候，寧可拋棄千金之璧，也要背著初生的嬰兒逃命，讓人感到不解。

論值錢，嬰兒當然不如千金之璧；論省力，一塊璧玉顯然比嬰兒更容易攜帶。然而林回這麼做，只是出於「重義輕利」的高尚情操。

林回的高尚形象，就藉著一個小小的行為被突顯出來了，但這個故事仍有漏洞存在，比如說嬰兒是從哪裡來的？作者並沒有交代清楚。同時單刀直入的敘述方式，也使得故事少了委婉含蓄的美感。現在，就讓我們來改寫看看。

◎◎◎◎◎寫作新思路　懸疑

懸疑是一種不確定的心理感覺，在文學中，是使讀者對於某些事件及行為產生焦慮的一種手法，許多電影或小說經常製造懸疑氣氛來吸引讀者。

比如電影《控制》（Gone Girl），一開始女主角無故失蹤，丈夫起先被同情，隨後一些「證據」出現，讓人懷疑丈夫是兇手，最後觀眾才知道，一切都是女主角的自導自演。這類重懸疑的劇情，深深的抓住觀眾的眼球。

懸疑的寫法很重視氣氛的營造，有時設下伏筆或陷阱，也是製造懸疑的方式。如果要在〈林回棄璧〉的故事中加上懸疑成分，有兩種思考方式：

1. **反起法**：先從主題的反面寫起，再拉回正面寫到主題。比如說，先寫林回原本是帶著千金之璧逃命的（反面），結果經過一戶人家，看到棄嬰，心裡有所不忍，於是拋下一些家當和璧玉，帶著嬰兒逃命（正面）。這麼寫，也補足了嬰兒來處不明的劇情漏洞。

2. **懸疑法**：先隱瞞線索，營造神祕的氣氛，勾起讀者的好奇心，再逐步的揭開真相。比如說，鄰居先看到林回背了包袱，認定那是璧玉，後來看到他從一戶人家出來，仍然以為他背的是玉。一路上，林回小心翼翼的呵護包袱，旁人以為他愛財，一番疑神疑鬼後，最後才發現他背的是嬰兒，人們大為感佩。

在改寫故事時，不可避免的要打破原文的結構後再重組，考驗著我們組織、整合的能力。平常多做練習，寫作時就能從容不迫。

故事新編

晉國的軍隊入侵假國，假國人紛紛四散逃命，林回也收拾包袱，珍重的將千金之璧層層包好，收入包袱，因為這是傳家之寶，不能落入敵人的手裡。

林回背著包袱和鄰居們往深山逃去。半路經過一戶人家，林回想討水喝，就進入屋裡，但是屋內沒人。忽然，一個小小的哭聲吸引他的注意，原來是個嬰兒，顯然屋主逃命，怕嬰兒累贅，就丟棄不管了。林回看了一下背上沈重的包袱，一時不知該如何是好。

鄰居們等到林回從屋內出來，就繼續趕路了。不知如何，林回對背上的包袱特意的保護，每當有人靠近，他就立刻閃躲，這舉動引起人們的不快，他們想：「都在逃命了，你還愛惜財物？」大家將不滿累積在心裡，只是不說。

到了半夜，他們終於逃到山裡，找到山洞準備休息，這時林回小心的放下包袱，將布慢慢的解開，露出一張嬰兒的小臉，小嬰兒睡得正香甜。

所有人看了大為慚愧。原來林回深怕包袱沈重，妨礙逃跑，竟然拋棄了傳家的璧玉，背著可能拖累他的嬰兒逃命，重義輕利，讓眾人深為感動。

經典原文　林回棄璧①

子獨不聞假人之亡與②？林回棄千金之璧，負赤子而趨③。或曰：「為其布與④？赤子之布寡矣⑤；為其累與⑥？赤子之累多矣。棄千金之璧，負赤子而趨，何也？」林回曰：「彼以利合⑦，此以天屬也⑧。」

注釋

①璧：古代一種玉器，貴族所配戴，價值昂貴。扁平，圓形，中央有圓孔。

②假：周代諸侯國名。亡：逃亡。與：同「歟」，用於句末，表疑問、反詰等語氣。

③赤子：出生的嬰兒。趨：趕著向前走。

④布：古時曾以布為貨幣，此指錢財。

⑤寡：少。

⑥累：受累，連累。

⑦彼：指千斤之璧。利合：與錢財相結合。

⑧天屬：符合天道。

關鍵

3

敘述有變化，讓你成爲說故事高手

單調的敘述方式，
已經不符合現實所需，
唯有具備敘述的各種變化技巧，
寫作時才能任意取用、隨意變換，
使故事精采紛呈，
令人目不暇給。

21 故事的開頭

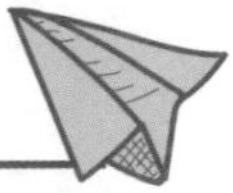

好的故事開頭，必須能在一開始就讓讀者的情緒受到波動，這些波動或是驚訝、或是驚嚇，或是一股說不出來的壓力。無論怎麼做，都要以牽動讀者的情緒為目標。

◉◉◉◉經典寓言

晏子到楚國，楚王賜酒給晏子喝。喝得正盡興時，兩個官吏捆著一個人來到楚王跟前，楚王說：「綁著的人是幹什麼的？」官吏答：「是齊國人，犯了偷盜的罪。」楚王看著晏子說：「齊國人善於偷盜嗎？」晏子離開座位回答：「聽說，橘樹生長在淮河以南就是橘樹，長在淮河以北就變成枳樹，只是葉子相似，它們的果實味道不一樣。為什麼會這樣？是因為水土不同。現在人生活在齊國不偷盜，進入楚國就偷盜，該不會是楚國的水土使人變得善於偷盜吧？」（春秋齊・晏嬰《晏子春秋・內篇・雜下》）

這篇〈橘逾淮為枳〉的故事，主要講楚王為了要侮辱晏子，而藉著齊國的囚犯偷竊一事，諷刺晏子所屬的齊國。場景是在宴席上，兩人酒酣耳熱時，楚王趁晏子毫無防備，忽然發動突襲，想看晏子出糗。

照理說，囚犯被押解上殿應該是故事的開場重頭戲，其次是晏子驚訝，然後才是楚王得意的質問，晏子再從容回答。但原文只是平鋪直敘的按照事件發生的順序來寫，使得「囚犯被押解上殿」變成容易被人忽略的部分。

其實，如果能弄清楚故事的高潮在何處，調換一下說故事的順序，讓最重要的囚犯先登場，故事就能在開頭掀起一波高潮。

寫作新思路　故事的開頭

「好的開始是成功的一半」，在不同類型的故事中，「開頭」都是最重要的元素之一，好的開頭能一下子就提振讀者的精神。

首先，故事可以從**描述一個場景或景觀**開始，比如說：「富麗堂皇的宮殿，鋪著厚厚的地氈，各式佳餚陳列在席間，一旁的蠟燭燒得紅豔豔的，映得楚王的神情有些陰晴不定。」這種寫法著重氣氛的描繪，同時能暗示人物的性格。

其次，故事可以從**對話**開始，比如：「楚王手指著地上的囚犯，問晏子說：『難道貴國的人擅長偷竊嗎？』晏子聞言心頭一驚，表情卻沒有太大的變化。」塑造出晏子處變不驚、從容應對的形象。

第三，故事可以從**第三者旁白的敘述**開始，類似說書的感覺，例如：「那個身材比常人矮小、窄肩膀的齊國大使晏子，奉命出使楚國，他在出發前，就知道這是一件不好辦的差事。」讓讀者有一種要聽故事的準備。

其四，故事在開始後不久，就**把主角放在一個極端危險的處境**中，例如：「大殿上，被折磨得體無完膚的囚犯低著頭跪在地上，兩旁的刀斧手虎視眈眈，鋒利的刀光幾乎割得晏子的臉也疼了。」就是個很刺激的開場。

只要掌握以上幾種吸引人的開頭法，就可以順利的帶領讀者進入你的故事。讓我們來寫寫看，創

故事新編

晏子與楚王正在殿上飲酒，只聽得一聲大喝：「跪下！」那人就跪倒在地。大殿上，被折磨得體無完膚的囚犯低著頭跪在地上，兩旁的刀斧手虎視眈眈，鋒利的刀光幾乎割得晏子的臉也疼了。但晏子看也不看，繼續喝酒。

楚王手指那名囚犯，語氣嚴肅：「地上捆著的人是幹什麼的？」

官吏恭敬答道：「囚犯是從齊國來的，在我國犯了竊盜罪。請大王發落！」

楚王半瞇著眼，撚鬚笑問晏子：「難道貴國的人很擅長偷竊？」

晏子立刻站起來，抹平衣服上的皺摺，恭敬的回答：「我聽說，橘樹生長在淮河南方時，稱為『橘』，但是越過淮河長在北方後，就變成了『枳』，它們只有葉子的形狀長得像，果實的味道卻不同，這是因為淮河南、北的環境和氣候不一樣所導致。現在，生活在齊國的老百姓不偷竊，到了楚國就偷，這難道不是受到楚國的風俗影響，才使老百姓特別會偷竊嗎？」

經典原文　橘逾淮為枳①

晏子至，楚王賜晏子酒。酒酣②，吏二人縛一人詣王③。王曰：「縛者曷為者也④？」對曰：「齊人也，坐盜⑤。」

王視晏子曰：「齊人固善盜乎⑥？」

晏子避席對曰⑦：「嬰聞之⑧，橘生淮南則為橘，生於淮北則為枳。葉徒相似⑨，其實味不同⑩。所以然者何⑪？水土異也⑫。今民生長於齊不盜，入楚則盜，得無楚之水土使民善盜耶⑬？」

注釋

①逾：越過。淮：淮河。枳：音只，味酸苦。
②酒酣：飲酒盡興。酣，音憨。
③詣：音易，去見面。
④曷為者：做什麼的？曷，音何。
⑤坐盜：因盜獲罪。坐：因為。
⑥固：本來。善：擅長。
⑦避席：古人席地而坐，為表示對某人尊敬，離坐而起，稱為「避席」。
⑧嬰：即晏嬰（？—前五〇〇年），字仲，春秋齊人。歷事靈公、莊公，相齊景公。尚儉力行，為當時名臣。諡平，史稱為「晏平仲」，後人尊稱為「晏子」。
⑨徒：徒然，白白地。
⑩實：果實。
⑪所以然者何：為什麼這樣？
⑫水土：一地方的氣候、風土等自然環境。
⑬得無：莫非。

一篇具有深奧意義的故事，會將寓意用隱微的方式傳達，也因為如此，造成一些讀者理解的障礙。作者將寫作動機適當的融入故事，對讀者理解內容有很大的幫助。

22 原因法，用說明原因來開頭

經典寓言

有個一出生就雙目失明的人不認識太陽，於是，問看得見的人，太陽是什麼樣子？那人告訴他說：「太陽的樣子像銅盤。」失明的人就敲銅盤，聽到並記住了它的聲音，有天再聽到鐘聲，就把鐘當作太陽。也有人告訴他說：「太陽的光像蠟燭。」失明的人撫摸蠟燭，曉得了它的形狀，某天摸到樂器「籥」，就把它當作太陽。

太陽和鐘、籥的差別太大了，但是雙目失明的人卻不知道它們之間有很大的差別，因為他不曾親眼看見，而是向他人求得關於太陽的知識。（北宋．蘇軾《蘇東坡集》）

蘇軾寫這則〈日喻〉是要說明：抽象的道理是很難被人們理解的，這種情況，和生來就不認識太陽的盲人並沒有什麼不同。

雖然故事中的人以鐘、籥比喻太陽，已經算很巧妙了，但如果不是親眼看到，任何巧妙的比喻，還是很難還原太陽的原貌。現實生活中的例子，就是一般人沒有查證就輕易相信網路新聞，新聞真假難辨，我們就是資訊爆炸時代的盲人。

這則故事雖短，但是寓意深刻，如果只是粗淺的閱讀，很容易就錯過作者想表達的原意。我們可以做的是，把作者的寫作動機放在故事的開頭，如此，讀者就可以更清楚的理解事件發生的原因。

◎◎◎◎◎寫作新思路　原因法

用原因法開頭，就是從事情發生的原因依序寫起，在文章的開頭，就把寫作的動機、目的，或事情發生的原因交代清楚，在〈日喻〉的故事裡，指的就是作者蘇軾的寫作動機，以及他想表達的寓意。

另一個改寫的目標，就是交代盲人想要認識太陽的原因，補足了這一點，可以使故事更加完整。讓我們來看看以下改寫的內容：

1. **蘇軾寫故事的原因：**蘇軾仰頭看著高掛在空中的太陽，他思索，抽象的道理實在很難被人了解！這比太陽難被理解的情況更加嚴重，於是他決定撰寫〈日喻〉這個故事，來啟發人們。

2. **盲人認識太陽的原因：**有個一出生就雙目失明的人不認識太陽，他在太陽底下行走許久，感覺到曝曬的熱力，身上汗如雨下，濕透衣衫，他不禁好奇，究竟太陽長什麼樣子？於是他去問看得見的人。

原本的故事中沒有蘇軾的「戲份」，經過改寫，蘇軾就被提升到重要的位置，成為角色之一，這種寫法，可以將隱含的寓意明白的點出來，以提示讀者。我們在寫作時，也可以在開頭就先說明寫作動機，具有「點題」的效果。

故事新編

蘇軾仰頭看著高掛在空中的太陽，他思索著，抽象的道理實在很難被大多數的人了解啊！這比太陽難被理解的情況更嚴重，他們和生來就不認識太陽的盲人沒有什麼不同。於是他決定寫個故事，來啟發人們……

一出生就雙目失明的人不認識太陽，他在太陽底下行走許久，感覺到曝曬的熱力，身上汗如雨下，濕透衣衫，他不禁好奇，究竟太陽長什麼樣子？於是他去問看得見的人。有人告訴他：「太陽的樣子像銅盤。」失明的人就敲銅盤，聽到並記住了它的聲音，有天再聽到鐘聲，就把鐘當作太陽。

也有人告訴盲人：「太陽的光像蠟燭。」盲人撫摸蠟燭，曉得了它的形狀，某天摸到樂器「籥」，就把它當作太陽。

太陽和鐘、籥的差別太大了，但是雙目失明的人卻不知道它們之間有很大的差別，因為他不曾親眼看見，而是向他人求得關於太陽的知識。

經典原文　日喻

生而眇者不識日①，問之有目者。或告之曰②：「日之狀如銅盤。」扣盤而得其聲③。他日聞鐘，以為日也。或告之曰：「日之光如燭。」捫燭而得其形④。他日揣籥⑤，以為日也。

日之與鐘、籥亦遠矣，而眇者不知其異，以其未嘗見而求之人也。

注釋

①眇：音秒，盲人。

②或：有人。

③扣：敲。

④捫：音門，撫摸。

⑤揣：握，抓。籥：音越，樂器名。

23 時間法，讓讀者容易進入情境

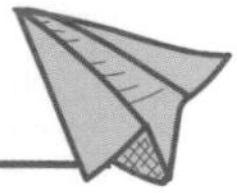

好的故事開頭，要快速的提供必要的資訊，讓讀者進入狀況，並恰到好處的暗示故事的走向。在開頭運用具有象徵作用的字眼，可以創造符合主題的氛圍，與主題相呼應。

經典寓言

孔子路過泰山腳下，有個婦人在墓前哭得很悲傷。孔子扶著車前的橫木聆聽婦人的哭聲，讓子路前去問那婦人。子路問道：「您這樣哭，實在像有了幾件傷心事似的。」婦人說：「沒錯。之前我的公公被老虎咬死了，後來我的丈夫又被老虎咬死了，現在我的兒子又死在老虎口中！」孔子問：「那為什麼不離開這裡呢？」婦人回答：「這裡沒有殘暴的政令。」

孔子說：「年輕人要記住這件事：苛刻殘暴的政令比老虎還要兇猛可怕！」

（《禮記・檀弓下》）

〈苛政猛於虎〉的故事告訴我們，當時政府的壓迫和剝削，比老虎吃人還要可怕，所以故事的篇名就成了千古名句。

作者不必細數有哪些「苛政」，只從婦人口中敘述她的遭遇，就能得出結論，這種一舉道破題旨的手法，值得我們學習。

我們從老虎吃人的悲劇，可以知道婦人居住的地方是個人煙稀少、老虎經常出沒的荒野，如果再加上「時間」的特徵——對季節的描述，就能將當時蕭瑟、悲涼的氣氛烘托出來，讓讀者在開頭就順利進入故事的氛圍中。

寫作新思路　時間法＋象徵

時間法，就是從事情發生的時間開始寫起，包括年月日、早午晚或春夏秋冬。從時間的起點拉開故事的序幕，讀者容易進入情境。

以〈苛政猛於虎〉為例，老虎吃人的悲劇最適合以「秋天」來烘托，因為自古以來，秋天萬物凋零的情景象徵了「**肅殺**」，所以，在故事的開頭先描寫秋天的景象，將肅殺的氣氛營造出來，接著再寫孔子與婦人的談話，故事會更有韻味。

1. **遠景**：從遠處的天空開始寫。如：「一堆堆深灰色的雲，低低的壓著大地。」用灰色、低壓，製造一種沈重的感覺。
2. **近景**：慢慢將鏡頭拉近，寫到眼前的樹、大地、葉子。如：「已經是深秋了，老樹陰鬱地站著，讓褐色的土掩住它身上的皺紋。」以及：「大地漸漸僵硬，曾經新鮮碧綠的葉子在秋風裡慢慢變紅、死去。」陰鬱、皺紋、僵硬、死去等用字，象徵的是「死亡」。
3. **再拉遠**：再將鏡頭拉向遠處。如：「遠望去，楓葉像鮮血一般，將山都染紅了，給山間著上了肅殺的顏色。」鮮血、肅殺，也是「死亡」的意思。
4. **感官感受**：寫完了景物就順勢帶主角出場，寫出主角「孔子」的感官感受。如：「孔子深深的吸了一口氣，空氣中似乎也漂浮著腥臭味，也許是土壤的氣味。」腥臭味也象徵了死亡和不祥。

最後，將這些寫好的片段融入故事裡，再將原文中缺乏「表情、動作」的部分補足，就完成一篇生動的故事。

故事新編

一堆堆深灰色的雲，低低的壓著大地。

已經是深秋了，老樹陰鬱地站著，讓褐色的土掩住它身上的皺紋。大地漸漸僵硬，曾經新鮮碧綠的葉子在秋風裡慢慢變紅、死去。遠望去，楓葉像鮮血一般，將山都染紅了，給山間著上了肅殺的顏色。

孔子路過泰山腳下，深深的吸了一口氣，空氣中似乎也漂浮著腥臭味，也許是土壤的氣味吧！此時，他看到有個婦人在墓前哭得很悲傷，便扶著車前的橫木聆聽婦人的哭聲，讓子路前去問那婦人。

子路問婦人道：「您這樣哭，實在像有了幾件傷心事似的。」婦人停止哭泣說：「沒錯。之前我的公公被老虎咬死了，後來我的丈夫又被老虎咬死了，現在我的兒子又死在老虎口中！」孔子問：「那為什麼不離開這裡呢？」婦人提起袖子擦擦眼淚，哽咽說道：「這裡沒有殘暴的政令。」

孔子嘆氣，回頭對弟子們說：「年輕人要記住這件事：苛刻殘暴的政令比老虎還要兇猛可怕！」

經典原文　苛政猛於虎①

孔子過泰山側②，有婦人哭於墓者而哀。夫子式而聽之③。使子路問之④，曰：「子之哭也，壹似重有憂者⑤？」而曰⑥：「然。昔者，吾舅死於虎⑦，吾夫又死焉，今吾子又死焉。」夫子曰：「何為不去也⑧？」曰：「無苛政。」夫子曰：「小子識之⑨，苛政猛於虎也。」

注釋

①苛政：苛刻的政令。政府課徵的賦稅繁重，人民不堪承受。苛，音科。

②側：旁。

③夫子：古代稱大夫為夫子。孔子曾擔任魯國大夫。式：同「軾」，車子的橫木。這裡作動詞，古時人立而乘車，俯而憑軾以示敬意。

④子路：人名，（前五四二年—前四八〇年），姓仲，名由，字子路、季路。魯國卞（今山東泗水）人，孔子的學生。

⑤壹：真是，實在。重有憂：接連有幾件傷心事。重：音蟲，重疊，連續。

⑥而曰：於是說。

⑦舅：丈夫的父親，公公。

⑧何為不去也：為何不離開？

⑨小子：對年幼者和晚輩的稱呼。識：記住，記載。

24 空間法，創造身歷其境之感

對寫作者來說，觀察是最重要的基本功，有深刻的觀察及體會，才有會有動人的故事與細節。在時間之外，對空間的想像與描寫，往往就是好故事勝出的關鍵。

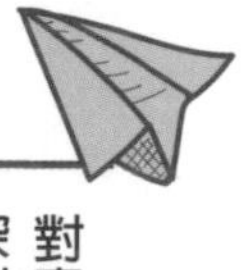

經典寓言

下雨天，迂夫出門看見賣吃食的車停在坡道上，就指著車對弟子說：「這台車要翻覆了，用不了多久的！」他們走不到十步，聽到喧嘩聲，回頭看，那車已經翻倒。弟子問：「您為什麼知道呢？」迂夫說：「我是從人情事理得知的。下雨時道路泥濘，只有坡道上不怎麼濕，那兒又窄又高，便是眾人雨天喜歡去的地方。但是那車自不量力，停在狹窄之地佔據高處，長久停留不離去，因而妨礙想上去的人，它能不翻倒嗎？禍患有比這個更大的，何止是這輛飯車？」（北宋・司馬光《司馬溫公文集・迂書》）

這則〈飯車〉的故事說的是，人如果自不量力，汲汲營營於登上高位，而且久居高位，擋住別人前進的路，終有一天必定會「翻車」。雖然「人往高處爬」是人之常情，但是像迂夫那樣頭腦清醒、有遠見的人畢竟不多。

在這個故事裡，發生事件的「坡道」是重要的場所，但關於它的描述卻來自迂夫的「口述」。如果我們在故事一開始，就先運用空間法具體寫出坡道的環境，甚至是車子的外觀，就能給讀者身歷其境之感。

寫作新思路　空間法

空間法，就是在故事的開始，就將事件發生的地點、位置、空間和地理環境描寫出來，然後再描述風景或敘述事件，就像電影或戲劇中的「場景」。這個空間裡的一切，都需要我們一一加以描寫，讀者才能根據你的文字去想像。

我們可以從〈飯車〉這篇文章裡，摘取與「坡道」相關的所有字詞，然後發揮想像力加以描繪：

1. **坡道上不太濕**：重點在描述道路半濕的狀態和原因，比如：「只見坡道兩旁種滿了樹木，伸展開來的枝葉擋住雨水，使得道路半乾半濕的。」
2. **坡道又窄又高**：重點在描寫坡道的外觀和地勢，比如：「地勢高而陡，路面狹窄，像一條細細的炊煙直往上延伸而去。」
3. **路上行人眾多**：重點在描寫路上行人擁擠的狀況，比如：「路面乾淨而不泥濘，滿滿的擠了許多行人，猶如逆流而上的魚群。」

接著，描寫車子在不同情況下的外觀狀態：

1. **賣吃食的車**：重點在描寫車子的外觀，比如：「黑色車子，中間擺個大木板，木板上放了琳琅滿目的食物，小販則在一旁招攬生意。」
2. **停在狹窄之地**：重點在描寫飯車停息的地方，比如：「小販選了一個最乾的地方將車停息，在狹窄的坡道上佔據高處，人們經過它時不免碰撞，發出『碰碰』的聲響。」

3. **翻車**：重點在描寫車子翻倒時的景象，以及滿地的凌亂，比如：「大木板整個翻覆在地上，所有的食物掉了一地，沾到沙子、塵土、污水，四散碎裂，都不能吃了。」

最後，再將這些寫好的片段融入故事裡，將人物的舉止、對話的文句潤飾得更自然，就大功告成了。

故事新編

下雨天，迂夫出門往坡道走，兩旁種滿了樹木，伸展開來的枝葉擋住雨水，使得道路半乾半濕的。坡道地勢高而陡，路面狹窄，像一條細細的炊煙直往上延伸而去。這裡乾淨而不泥濘，滿滿的擠了許多行人，猶如逆流而上的魚群。

迂夫看見賣吃食的車停在坡道上。這輛黑色車子，中間擺個大木板，木板上放了琳琅滿目的食物，小販則在一旁招攬生意。小販選了一個最乾的地方將車停息，在狹窄的坡道上佔據高處，人們經過它時不免碰撞，發出「碰碰」的聲響。

迂夫指著車對弟子說：「不久要翻車了！」他們走沒幾步，聽到喧嘩聲，回頭看，那車已經翻倒，大木板整個翻覆在地上，所有的食物掉了一地，沾到沙子、塵土、污水，四散碎裂，都不能吃了。弟子問：「您為什麼知道呢？」

迂夫說：「我是從人情事理得知的。下雨時道路泥濘，只有坡道上不怎麼濕，那兒又窄又高，便是眾人雨天喜歡去的地方。但是那車自不量力，停在狹窄之地佔據高處，長久停留不離去，因而妨礙想上去的人，能不翻倒嗎？禍患還有比這個更大的，何止是這輛飯車？」

經典原文　飯車

天雨，迂夫出見飯車息於高蹊者①，指謂其徒曰：「是車也將覆②，不久矣！」行未十步，聞讙聲③，顧見其車已覆。

其徒問曰：「子何用知之④？」

迂夫曰：「吾以人事知之⑤。夫天雨道濘⑥，而蹊獨不濡⑦，又狹而高，是眾人所趣也⑧。而車不量其力，固狹擅高，久留不去，以妨眾人之欲進者，其能無覆乎？禍有鉅於此者⑨，奚飯車之足云⑩？」

注釋

①息：停息。高蹊：高山路上。蹊：音溪，小路。
②是：此。覆：覆沒，此指翻車。
③讙：音歡，喧嘩。
④子：您。
⑤人事：人情事理。
⑥道濘：道路泥濘。濘，音佞。
⑦濡：音如，濕。
⑧趣：同「趨」，奔向。
⑨鉅：同「巨」，大。
⑩奚：何。

25 用「說」的，不如用「演」的

讓讀者身歷其境，是每個寫作者努力達成的境界，關鍵就是以人物的各種互動，來代替說明和敘述，換句話說就是「具體化」，好讓文字轉化為圖像，在讀者的腦海裡出現。

經典寓言

從前，楚靈王喜歡讀書人有纖細的腰身，所以朝中的大臣，每天都只吃一頓飯來節制自己的腰身。他們在整裝時，會先屏住呼吸，然後把腰帶束緊，扶著牆壁站起來。等到第二年，滿朝官員的臉色都是黑色的了。（春秋宋・墨翟《墨子・兼愛中》）

這是〈楚王好細腰〉的故事，告訴我們身為一個統治者，個人的言行舉止都會成為下屬效法的對象，如果統治者的喜好失當，就可能形成一股歪風，以致人人逢迎拍馬、追逐潮流，造成國家不安。不過，作者告訴我們發生了什麼事，卻沒有具體的呈現情感與畫面。然而一篇好看的故事，應該是活靈活現的「演出」，讓我們彷彿親眼見到楚靈王的朝堂上，有著一群面黃肌瘦的大臣正在努力瘦身，也從中感受到大臣們的痛苦。

換句話說，上面的這段故事就像一篇簡略的「報導」，不容易觸動讀者，也很難令人感動。假使我們利用「演」的方式，讓畫面的表現更為細膩、豐富，也就能夠讓讀者彷彿親見耳聞，這樣的一種寫法，可稱之為「場景法」。

寫作新思路　場景法

場景的要素之一，就是故事必須在讀者的眼前發生。我們要像用攝影機記錄一般，讓讀者親眼目睹事情是如何發生？人物做了什麼？後來怎樣發展？同時也要讓讀者產生一種站在事發現場的感覺，而不是像事後聽人轉述。

場景通常包含了**場面描寫**，就是對一個特定的時間與地點內，許多人物活動總體情況的描寫。比如〈楚王好細腰〉的故事，就將朝中大臣面對瘦身的態度簡筆勾勒，提供給讀者想像的空間，只是稍嫌簡略了些。

場景也包含了人物的行動，也就是行為的發生。比如說，可以寫大臣們為了瘦身，在整裝前「先屏住呼吸，然後把腰帶束緊，扶著牆壁站起來」。我們在故事中描述一些肢體動作，其實就蘊含了「**表演**」的性質。

透過場景把故事「演」出來，不但能使故事更有臨場感，還能讓文字變得透明，使作者的角色退居幕後，而將人物的表演推到幕前。這麼一來，讀者才能像觀看一齣戲，將眼光集中在欣賞人物的演出。

有時，就算是與人物情緒沒有關係的描述，還是可以**用「演」來代替「說」**。比如，不要直接說楚靈王喜歡纖細的腰身，而是寫他看見大臣的細腰時興奮的表情；或藉著描寫大臣努力瘦腰的舉動，讓讀者聯想到「上有好者，下必甚焉」的道理。這些間接的表達方式，都能讓讀者自己推論出「楚王愛細腰」的實際情況。

要成為一個好的寫作者，就要努力用文字的「演出」，來代替直接的表述。讓生動的人物形象與故事情節，深深打動讀者。

楚靈王看著面前宰相的腰身，心中讚嘆：「這腰，只有婀娜多姿、細如楊柳才能形容了！」他的目光只在底下大臣們的腰間遊走，渾不在意他們上奏的內容。大臣們也知道，所以都深怕自己長得太過肥壯，而不敢多吃，有些人每天只吃一頓飯，為的就是要節制腰身。

朝廷裡的男人每天起床後，在穿戴官服前，必定先深深吸一口氣，然後屏住呼吸，使小腹下陷，再用力的把腰帶綁緊。但這並不容易做到，有時忍不住放鬆了就得重來，幾番折騰後，許多人都只能慢慢扶著牆壁站起來。

「好苦啊！」大臣們叫苦連天，餓得頭昏眼花，站都站不直了。坐在蓆子上的人要站起來，非得要別人扶著不可；坐在馬車上的人要站起來，也一定得按著車子借力使力才行，為了維持細腰，就算餓死了也甘願。

等到一年以後，滿朝的文武官員都臉色發黑，一副乾枯瘦弱的模樣了。

◎◎◎◎經典原文　楚王好細腰①

昔者，楚靈王好士細要②，故靈王之臣，皆以一飯為節③，脇息然後帶④，扶牆然後起。比期年⑤，朝有黧黑之色⑥。是其故何也？君說之⑦，故臣能之也。

注釋

①楚王：指楚靈王，名圍，楚國國君。好：喜好。

②士：士大夫。要：同「腰」。

③節：節制。

④脇息：屏住呼吸。脇，音協。帶：動詞，束緊腰帶。

⑤比期年：等到一年後。比：等到。期，音基。

⑥朝：朝廷，君主視事聽政的地方。黧黑：臉色發黑，呈現乾枯的現象。黧，音黎。

⑦說：同「悦」，喜好。

26 故事的結尾

在結尾留下餘韻，適當的留白，給讀者深思的機會，關鍵就是不把結局寫死。有時，甚至可讓讀者憑著結尾的線索自己去「腦補」，就像作者邀請讀者共同創作一般。

經典寓言

曾經有人送活魚給鄭國的子產，子產派小吏把魚放到池裡養。小吏卻把魚煮了，覆命說：「魚剛放生時，很疲倦的樣子，過一會就是歡快的樣子，悠然地游走了。」子產說：「到了該去的地方啊！到了該去的地方啊！」小吏出來說道：「誰說子產聰明？我已經把魚煮來吃了，他卻還說：『到了該去的地方啊！到了該去的地方啊！』」所以說，君子容易被合乎情理的方法欺騙，卻難以被不合情理的話所蒙蔽。（戰國・孟軻《孟子・萬章上》）

在〈校人烹魚〉故事結尾的最後兩句，作者忽然用「所以說」告訴我們故事的主旨，說明那些聽來合情合理的謊言，就算是君子也難免受騙上當，遭到像「校人」這類小人的嘲笑。

這種作者直接現身說法的寫法，其實是承襲了史傳文學中「太史公曰」（《史記》）、「君子曰」（《左傳》）的寫法，目的是想增加文章的說服力。但是時光移到現代，這種方式已經不流行了，而且也會破壞整體故事的節奏感。

試想，前面說故事說得好好的，讀者正沉浸在情節和氣氛裡，結果作者突然現身，正經八百的把主旨講出來，難免破壞了讀者閱讀的興致，這在現代有個說法叫做「說教」、「碎碎念」，我們應該避免寫出這樣的結尾。

寫作新思路　結尾

真正有趣的閱讀，應該像童話故事〈糖果屋〉中的兄妹沿路撿麵包屑那樣，當我們一路讀到結尾，那些線索和伏筆就會一一被撿起來，然後由我們自行拼湊出完整的結論，或是自行領悟故事想傳達的主旨。

作者就算想在故事中說什麼道理，也應該透過各種方式，將這些道理給「演」出來，好讓讀者有自己歸納結論的機會，而不是貿然的現身「教訓」讀者。以下提供四種最容易上手的方法：

1. **餘韻法：**最吸引人的是「餘韻法」，也就是在故事結尾、場面最精采時打住，留下耐人尋味的餘韻。例如：「另一頭，子產望著空空如也的池子，忍不住遙想，那些被放生優遊在外的魚兒會有多歡樂！」

2. **對話法：**另一種結尾，是讓故事停在對話，將詞句模稜兩可的掛在空中，使人低迴不已：「子產站在池邊喃喃祝禱著：『功德無量。』」以上這兩種方法，可突顯子產被欺騙的模樣。

3. **前後呼應法：**呼應開頭送活魚，結尾也來送活魚。例如：「又有人送活魚給子產了，於是，子產仍義無反顧的派小吏把魚放到池裡養。」這樣可以表現出子產繼續被騙，而且讀者也已經知道後果如何了。

4. **感嘆法：**也可以選擇以子產的角度感嘆一番：「只見池水同樣的清澈，然而裡頭並非空無一物，不知已盛裝了多少魚兒枉死的魂魄！」

好的結尾跟好的開頭，都是故事重要的元素。現在，藉由這些簡單的示範，你也可以找一個故事，運用各種方法為它設計出不同的結尾。

故事新編

曾經有人送活魚給鄭國的子產，子產便派小吏把這些活蹦亂跳的魚放到池子裡養。然而小吏卻偷偷把魚煮來吃了，還對子產復命：「稟告大夫！剛放生時，魚兒看起來很疲倦，但是過一會就是歡快的樣子，悠然地游走了。」

子產聞言愉快的說：「它們到了該去的地方啊！到了該去的地方啊！」

小吏出來後，笑著對人說：「誰說子產聰明？我已經把魚煮來吃了，他卻還說：『到了該去的地方啊！到了該去的地方啊！』」

另一頭，子產望著空空如也的池子，池水在微風的吹拂下，盪起一圈一圈的細紋，他忍不住想，那些被放生優遊在外的魚兒會有多歡樂！

經典原文　校人烹魚①

昔者有饋生魚於鄭子產②，子產使校人畜之池③。校人烹之，反命曰④：「始舍之⑤，圉圉焉⑥；少則洋洋焉⑦；攸然而逝⑧。」

子產曰：「得其所哉⑨！得其所哉！」

校人出曰：「孰謂子產智⑩？予既烹而食之，曰：『得其所哉！得其所哉！』」

故君子可欺以其方⑪，難罔以非其道⑫。

注釋

①校人：管理池塘的小官。校，音叫。

②饋：音愧，贈送。生魚：活魚。子產：即公孫僑（？—前五二二年），字子產，鄭國人，春秋時政治家。

③畜：養。

④反命：回覆執行命令的情況。

⑤舍：放生。

⑥圉圉：音雨，被困而不得舒展的樣子。

⑦少：一會兒。洋洋：紓緩的樣子。

⑧攸然：同「悠然」，閒適自得的樣子。逝：去而不返。

⑨所：適當的位置。

⑩孰：誰。謂：說。智：聰明。

⑪方：準則，引申為合乎情理的。

⑫罔：欺騙，蒙蔽。非其道：不合情理的。

27 補敘故事，增添事件的精采度

文章有時根據內容的需要，要對前面所寫的作一些簡短的補充，這就是補敘。補敘在情節中常常起著關鍵的作用，若沒有適當的補敘，故事情節上就可能出現漏洞，令人費解。

◉◉◉◉經典寓言

墨家有個代表人物叫腹䵍，住在秦國，他的兒子殺了人。秦惠王對他說：「先生的年紀大了，沒有別的兒子，寡人已經命令官吏不殺他。先生在這件事情上就聽我的吧！」

腹䵍回答：「墨家的法理說：『殺人的必須死，傷人的必須服刑。』這樣做為的是禁止殺傷人。禁止殺傷人，是天下的道義。君王給予恩賜，讓官吏不殺他，腹䵍卻不能不遵守墨家的法理。」腹䵍沒有答應，就殺掉了兒子。

子女，是人們所偏愛的，忍心除去自己所偏愛的而遵行大義，腹䵍可稱得上是大公無私。（戰國・呂不韋《呂氏春秋・去私》）

這則〈腹䵍殺子〉的故事，說明國家想要嚴格執法，必須學習腹䵍的精神，用大義滅親、大公無私的態度去執法。

腹䵍的精神之所以可貴，是因為他已經年老，又沒有別的兒子，而且得到君王的寬恕；在這種情況下，腹䵍卻堅持實踐墨家的道理，大義滅親，更加突顯他公正無私的形象。

這裡說故事的方式是，先以秦惠王的處置來交代事情的開頭，然後以腹䵍的應對來表現事情的經過及結果，最後還有一段作者下的結論，這樣按照時間的先後順序寫成的故事，就是運用了順敘法。

不過，如果我們將敘述的順序調換一下，換成「補敘」，讓敘事有些變化，可能故事就會更加吸引人。

◎◎◎◎◎寫作新思路　補敘

補敘，通常放在文章中段或後面，是在敘述事情的經過時，還有幾件相關的事情先不說明，等到交代結果時才補充，可以讓結局更精采，讓事件更完整。

這招在考試時很好用，如果我們在考寫作測驗時寫到最後，才發現有遺漏的地方，就可以用補敘來補救，這是考試應變的小技巧。

在這個故事中，讀者容易對腹䵍那麼輕易就殺掉兒子感到疑惑，補敘就是讓它更完整。我們可以把「殺子」這部分，加上腹䵍作這個決定時的心理掙扎，人物就會更加有血有肉；也可以加上兒子求饒的畫面，增加**戲劇性**，就成為補敘的片段。寫作的順序可參考以下：

1. **開頭：**秦惠王表達赦免腹䵍之子。
2. **經過：**腹䵍拒絕秦王的好意，表明大義滅親。
3. **結果＋補敘：**腹䵍殺了兒子。

A. 描寫腹䵍殺子的掙扎，如：「腹䵍面對地上跪著的兒子，萬分心痛，很想緊緊的抱住他，又恨他殘忍的殺人，只想立刻殺了兒子，好給死者交代。」

B. 再寫腹䵍殺子的場面，如：「刀斧手站在一旁，只等腹䵍下令。腹䵍再看兒子一眼，又轉過頭去，揮揮手。刀斧手大刀落下，兒子就嗚呼哀哉了。」

4. **結論：**透過別人的口中讚美腹𦤎大公無私。

如果我們能用心設計，寫出戲劇性的畫面以作為結果的補敘，就更能引發讀者的共鳴及深思。下面是簡單的示範。

故事新編

腹𦤎心情沈重的拜見秦惠王，因為他的兒子殺了人。

秦惠王說：「先生的年紀大了，沒有別的兒子，寡人已經下令不殺他。先生在這件事情上就聽我的吧！」

腹𦤎靜默一下，隨即凜然回答：「墨家的法理說：『殺人者死，傷人者刑。』這樣做為的是禁止殺傷人。禁止殺傷人，是天下的道義。君王給予恩賜，讓官吏不殺他，腹𦤎卻不能不遵守墨家的法理。」他拒絕君王的好意，決定殺掉兒子。

此刻，腹𦤎面對地上跪著的兒子，萬分心痛，很想緊緊的抱住他，又恨他殘忍的殺人，只想立刻殺了兒子，好給死者交代。兒子流淚，看著父親，不時磕頭，期待父親能夠寬容他。刀斧手嚴肅的站在一旁，只等腹𦤎下令。腹𦤎再看兒子一眼，又轉過頭去。刀斧手大刀落下，兒子就一命嗚呼了。

當時的人知道此事，都說：「子女，是人們所偏愛的，忍心除去自已所偏愛的而遵行大義，腹𦤎可稱得上是大公無私。」

經典原文　腹䵍殺子①

墨者有鉅子腹䵍②，居秦。其子殺人。秦惠王曰③：「先生之年長矣，非有他子也。寡人已令吏弗誅矣④。先生之以此聽寡人也。」

腹䵍對曰：「墨者之法曰：『殺人者死，傷人者刑⑤。』此所以禁殺傷人也。夫禁殺傷人者，天下之大義也。王雖為之賜⑥，而令吏弗誅，腹䵍不可不行墨者之法。」不許惠王，而遂殺子。

子，人之所私也⑦，忍其所私以行大義，鉅子可謂公矣。

注釋

①腹䵍：人名，姓腹，名䵍，戰國時墨家學派的代表人物。䵍，音吞。

②墨者：舊稱研究信奉墨翟學說的人。鉅子：墨家稱其道理成者為鉅子。

③秦惠王：戰國時秦國君。

④弗：音符，不。誅：殺。

⑤刑：此為動詞，服刑。

⑥賜：給予恩賜，此指免除死刑。

⑦私：偏愛，私有。

28 倒敘有變化，文章增加懸念

把後面發生的結果提到前面來敘述，乍看是很冒險的事，誰會喜歡「爆雷」呢？但是高明的倒敘會在開頭就勾起讀者的好奇心，令人忍不住想了解事情究竟是怎麼發生的。

經典寓言

從前，越王句踐很重視訓練士兵的勇敢精神，平時就注意對他們進行嚴格的教育。他私下派人去焚燒船隻，聲稱發生了火災，考驗士兵說：「越國的珍貴財寶全裝在這裡！」句踐親自擂鼓鼓勵士兵往前衝。士兵聽到鼓聲，不顧行列整齊，衝進火區救火，被燒死的人就有一百多人。越王鳴鑼後，士兵才退下來。

（春秋宋・墨翟《墨子・兼愛中》）

〈越王好士勇〉的故事主要是說，最高領導人如果親自倡導、指揮，就會產生很大的鼓舞作用，讓下屬從命。

不過，句賤在故事中的形象並不可愛，他用了太極端的手段，私下派人焚燒船隻，造成許多士兵的死亡，這種訓練士兵的方法很殘忍，揭露了某些領導人「視人命如草芥」的本質，不值得效法。

在寫作技巧方面，這故事說來平舖直敘，顯得缺少變化，原因是採取了「順敘法」來敘述。如果我們稍加變化，調整文章的結構順序，運用「倒敘法」來說故事，就能帶來不一樣的感受，讓讀者眼睛一亮。

倒敘

倒敘，就是把事件的結局，或事件中最精采的那一段，拿到文章的最前面，以引起讀者的注意，再按照事件的發展順序來進行敘述。

比如說，先寫船隻失火、士兵忙著救災、死傷慘重的大場面，讓讀者產生疑問：「這個事情是怎麼發生的？船為什麼會失火？」引起懸念。

接著開始按照時間順序寫，從越王的喜好寫起，寫他派人放火、燒船、鼓動士兵救火、燒死人，一直到越王達到目的。這種寫法會使故事像剝竹筍一般，一層層揭開劇情的迷霧，先勾起讀者的好奇心，再來滿足讀者。

還有一種「**倒敘又倒敘**」的寫法，就比較複雜了，寫法是**製造出一個以上的倒敘，把故事大部分的次序顛倒**，可以產生重重的迷霧。

比如說，一開場就寫失火，到最後才點出失火的原因；船隻失火了，越王聲稱火即將燒光越國的財產，到最後才揭露整件事都是越王自導自演的。

在故事中製造迷霧，引起懸念，欺騙讀者，讓人無法一眼就看穿結局，是每個學說故事的人都應該重視的基本功。畢竟，有吸引力的故事才能夠抓住讀者的目光，這就是故事的「魅力」。我們不妨大膽改變說故事的順序吧！

故事新編

熊熊的大火，沿著泊在岸邊的船隻延燒開來，卻有許多士兵如飛蛾撲火般投入火場，哀嚎、吶喊此起彼落，眾士兵提水來澆，卻澆不熄他們的勇敢精神。

這天傍晚，船隻失火了，火勢一發不可收拾，越王句踐親自擂鼓，咚咚聲響不絕於耳，鼓勵士兵往前衝，他說：「越國的珍貴財寶全裝在這裡！」士兵們聽到鼓聲，不顧行列整齊，紛紛衝進火場救火，想拯救國家的財產，後來火勢熄滅，卻有一百多人被燒死了。

等到越王鳴鑼後，士兵才退下來。越王拿著鼓槌，看著被救出來的財物和一地的死屍，嘴角浮現笑容，原來這場火是他私下派人焚燒船隻、人工製造出來的大火，這些「陣亡」的士兵再一次的證明了越軍的英勇。

經典原文　越王好士勇①

昔越王句踐，好士之勇，教馴其臣②。私令人焚舟失火，試其士曰：「越國之寶盡在此。」越王親自鼓其士③，而進之。士聞鼓音，破碎亂行④，蹈火而死者⑤，左右百人有餘。越王擊金而退之⑥。

注釋

①越王：指句踐，春秋時越王，曾為吳王夫差所敗，困於會稽，句踐派遣大夫向吳求和而成。歸國用文種、范蠡為相，臥薪嘗膽，後興兵滅吳，成為霸主。

②教馴：同「教訓」，教育訓練。

③鼓：此為動詞，擊鼓以下令前進。

④碎：同「萃」，聚集，指隊伍。

⑤蹈火：陷入火海。

⑥金：古代軍中用以指揮撤軍的金屬樂器。

29 回憶、倒敘，重現過去情境

以主要人物的回憶揭開故事的序幕，是一種很有詩意的寫作方式。回憶的本質接近夢境，在故事的開頭就將讀者拉進回憶，能夠創造出一種撲朔迷離的神祕感，為故事增添感性。

◎◎◎◎經典寓言

楚國人和氏在楚山得到一塊璞玉，把它獻給厲王。厲王令玉匠鑒定，玉匠說：「只是石頭。」厲王以為和氏說謊，砍掉了他的左腳。

厲王死後，武王即位，和氏又將那璞玉獻給武王。武王讓玉匠鑒定，玉匠又說：「是塊石頭。」武王也以為和氏說謊，砍掉了他的右腳。

武王死後，文王即位，和氏就抱著璞玉在楚山下痛哭，哭了三天三夜，淚哭乾了，又哭出了血。文王聽說了，便派人去詢問：「天下受刖刑的人那麼多，你為什麼哭得這麼悲痛呢？」和氏答：「我不是因為斷腳而悲傷，而是傷心寶玉被說成石頭，正直的人被說成騙子。」

文王於是命玉匠雕琢玉璞，果然得到一塊寶玉，就命名為「和氏之璧」。

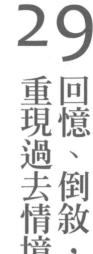

（戰國・韓非《韓非子・和氏》）

這則〈和氏之璧〉的故事是說，貴重的寶玉，往往會被外行的人誤認為卑賤的石頭，但是只要堅持不懈的去證明，終究會得到公平的評價。

和氏的形象高尚、正直，擁有了寶玉卻不藏私，將玉獻給君王，是忠；即使一再遭到酷刑，也不放棄真理，是義，精神令人感佩。而這裡也突顯了文王的形象，他願意聆聽百姓的言論，重視求證，又以命名和氏璧來彌補和氏，並給予榮耀，是個能夠英明處世和安撫人心的明君。

在寫作技巧方面，古代的寓言，常見按照時間順序的敘事方式，本篇也不例外，但如果調換敘事的順序，改用回憶作為開頭，也許就有意想不到的變化。

◉◉◉◉◉寫作新思路　回憶＋倒敘

之前有寫文章談過倒敘，現在就更進一步，在倒敘時加上「回憶法」，側重重現當時的情境：

1. **先勾起回憶**：以回憶的方式，追述過去的事情或抒發情感，帶讀者走入時光隧道，重現當時的情境。比如說：「和氏回想到幾年前，劊子手高舉著刀斧，利刃在陽光的照射下發出冰冷的光。他躺在地上，四肢都被人壓住，動彈不得。一聲令下，那道光芒劃過他的左腳，立時肢體分離，痛徹心肺。」

2. **再進行倒敘**：先將事情的結果說出來，再敘述事情的經過，可勾起讀者繼續閱讀的欲望。比如在開頭就說：「和氏抱著璞玉坐在楚山下痛哭，他的淚已經乾了，從雙眼流出來的，是血。」然後再描述整個故事的來龍去脈。

回憶、倒敘，是一種創意的表現，猶如帶領讀者走入時光隧道，置身在某個特定的時空，或是回到過去，或是前往未來。我們不妨將自己寫過的故事，都以回憶、倒敘的方式改寫開頭，看看會有什

故事新編

麼驚人的變化！

和氏回想當時劊子手高舉著刀斧，利刃在陽光的照射下發出冰冷的光，他躺在地上，四肢都被人壓住，動彈不得。一聲令下，那道光芒劃過他的左腳，立時肢體分離，痛徹心肺……

這時，和氏正抱著玉璞坐在楚山下痛哭，他的淚已經乾了，從雙眼流出來的，是血。一開始，和氏在楚山得到一塊璞玉，把它獻給厲王。厲王令玉匠鑑定，玉匠卻說：「這只是石頭。」厲王以為他說謊，便砍掉了他的左腳。

和氏提起袖子擦擦眼淚，血淚染紅了袖口。他又想到當時武王即位，他將那璞玉獻給武王，玉匠也看不出是寶玉，武王就命人砍掉了他的右腳。

現在文王即位，行動不便的和氏只能又抱著玉在山下痛哭。文王聽說了，便派人去詢問：「天下受刖刑的人那麼多，你為什麼哭得這麼悲痛呢？」和氏回答：「我不是因為斷腳而悲傷，而是傷心寶玉被說成石頭，正直的人被說成騙子。」

文王於是命玉匠雕琢玉璞，果然得到一塊寶玉，就命名為「和氏之璧」。

經典原文　和氏之璧①

楚人和氏得玉璞楚山中②，奉而獻之厲王③。厲王使玉人相之④，玉人曰：「石也。」王以和為誑⑤，而刖其左足⑥。

及厲王薨⑦，武王即位⑧，和又奉其璞而獻之武王。武王使玉人相之，又曰：「石也。」王又以和為誑，而刖其右足。

武王薨，文王即位⑨，和乃抱其璞而哭於楚山之下，三日三夜，泣盡而繼之以血⑩。王聞之，使人問其故，曰：「天下之刖者多矣，子奚哭之悲也⑪？」和曰：「吾非悲刖也，悲夫寶玉而題之以石，貞士而名之以誑⑫，此吾所以悲也。」

王乃使玉人理其璞而得寶焉⑬，遂命曰⑭：「和氏之璧。」

注釋

①和氏：姓和的人，傳說是卞和。卞，音變。
璧：寶玉。
②玉璞：未經加工的玉石。
③厲王：故事虛構的人物。
④玉人：玉匠。相：鑑定。
⑤誑：音狂，說謊，欺騙。
⑥刖：音月，砍斷雙腳。
⑦薨：古代諸侯或大官死亡稱為「薨」。
⑧武王：楚武王熊通。
⑨文王：楚文王熊貲。貲，音茲。
⑩泣：眼淚。
⑪奚：音溪，為何、為什麼。表示疑問的語氣。
也：表示疑問的語氣。
⑫貞士：固守正道，志節堅定的人。
⑬理：雕琢玉石。焉：語氣詞，放在句末。
⑭命：命名。

30 清晰而軟性的議論

軟性議論的特色就是盡量多舉例，減少太過理性的論理，以免給人冷冰冰的感覺。在議論時也可以運用對話、人物的動作，再加一點情感成分，說理也可以說得很動人。

經典寓言

齊國貴族田氏出行前在廳堂設宴，一起吃飯的賓客有上千人。宴席上有獻魚和雁的，田氏感嘆道：「老天對人民很厚道！生長五穀，孕育魚鳥，給民眾享用。」食客高聲附和。一個十二歲姓鮑的小孩，也在賓客座位上，進言道：「不是您說的那樣。天地萬物和我並生，只是種類不同。種類不分貴賤，只是因為大小、智力不同而互相制約，互相吞食，並不是為了給誰吃而生存。人類獲取可以吃的東西並吃它，難道是天為了讓人吃而孕育它們？況且蚊蟲叮咬人的皮膚，虎狼吃肉，並不是天為了蚊蟲而孕育出人類、為了虎狼而孕育有肉的生物！」（戰國・列禦寇《列子・說符》）

這則〈鮑氏之子〉透過鮑家孩子之口，打破了「人類是地球的主宰」、「人是萬物之靈」的主流價值。

在田氏這種以人為主、輕賤其他生命的心態下，人們容易任意主宰萬物的生死，失去對生命的尊重。鮑家孩子能夠獨立思考，平等的看待事物，用舉例的方法突顯論點去說服別人，難能可貴。

只不過在議論時，最重要的是條理清晰、軟性表達，故事雖然能提出別人難以駁倒的論點，卻又寫得太過僵硬，像機器人在說話，冷冰冰的沒有感情，讀起來像繞口令，這樣，即使將道理說得頭頭是道，仍然不容易被讀者接受。

其實，只要我們將論點梳理清楚，口吻柔軟些，自然能增加文章的說服力。

寫作新思路　軟性的議論

在本故事中，鮑家孩子所說的話，是用議論文的方式呈現的。

議論的文章包含論點、論據、論證。論點是文章的中心，是作者針對題目所做的思考和觀點，比如鮑家孩子的論點就是「萬物平等」、「萬物不是為了讓人享用而生存」，因此，他舉的例子都圍繞著論點來設計，避免脫離主題。

論據是文章的證據，通常是議論時舉出的例子。比如鮑家孩子舉了「蚊蟲叮咬人的皮膚、虎狼吃肉」兩個例子，來說明「人類的存在並不是為了給蚊蟲、虎狼享用」，以反駁田氏說「老天生長五穀，孕育魚鳥，給民眾享用」的說法。如果可以適當舉例，往往能一下子就使人心服口服。

論證是證明論點的過程和方法，在這裡運用了「演繹法」，也就是說已經點出論點了，接著舉出例子來證明論點，最後才引導出你的主張。但不論是用什麼方法議論，重點都是要用「軟性」的方式，才容易被讀者接納。

最後再為宴席加上場景的描寫，藉由描述人來人往、上菜的過程，營造熱鬧的氣氛，並為人物加上表情，就能沖淡議論文給人生硬的感覺。

故事新編

齊國的貴族田氏，出行前在庭院裡擺下宴席。男女僕役安靜的在席間穿梭，流水般將美味的佳餚送上桌來，參加宴飲的幕僚、賓客、謀士等食客，便有千人之多。正熱鬧時，有人端上了魚與雁，烹調得香味四溢。田氏看了看，忽然生出感慨來：「上天多厚待我們啊！繁殖了五穀，生育了魚鳥，供我們食用。」賓客們紛紛隨聲附和，表示贊同。

這時，在座一個姓鮑的十二歲小孩，忽然走上前來說道：「其實事情並非如您所說的這樣！」大家都感到驚訝。

鮑家孩子不管別人，神色自若的說：「天地萬物和我們一起生存在自然界，只是類別不同而已。生物沒有高低貴賤的區別，只因為體型大小和智力不同才交替相食，我們不該說某生物是為了讓另一種生物存活才存在。人只是選擇能吃的食物，怎會是上天特地為人類創造食物呢？就好像蚊蟲吸人的血，虎狼吃人的肉，你總不能說是上天特地創造人類給蚊蟲、虎狼當食物吃啊！」

經典原文　鮑氏之子

齊田氏祖於庭①，食客千人②。中坐有獻魚雁者，田氏視之，乃歎曰：「天之於民厚矣③！殖五穀④，生魚鳥，以為之用⑤。」眾客和之如響⑥。

鮑氏之子年十二，預於次⑦，進曰：「不如君言。天地萬物與我並生，類也⑧。類無貴賤，徒以小大智力而相制⑨，迭相食⑩，非相為而生之。人取可食者而食之，豈天本為人生之？且蚊蚋噆膚⑪，虎狼食肉，非天本為蚊蚋生人、虎狼生肉者哉！」

注釋

①齊田氏：春秋時期齊國貴族。祖：本為古人出行時祭祀路神，引申為設宴送行。

②食客：古時在貴族家裡寄食以討生活的謀士、賓客。

③厚：厚待、眷顧。

④殖：繁殖、生長。五穀：為黍、稷、麥、菽、稻等穀物。

⑤用：食用。

⑥嚮：回聲。和，音賀。

⑦預於次：按次序坐在座位上，參與宴席。

⑧類也：類別不同。

⑨徒：只。

⑩迭相食：動物們交替相食。迭，音跌。

⑪蚋：音銳，吸食人和動物血液的昆蟲。噆：音攢，叮、咬。

關鍵 4

善用各種寫作技法，讓文字有聲有色

想寫出好的故事，
作者需要豐富的生活觀察，
再透過文字把事物的色彩、聲音、味道、
氣味、觸感重新呈現，
加上修辭的點綴，
將使故事更加貼近人心。

31 諷刺的手法

經典寓言

魯國有個名叫公孫綽的人，他對人們說：「我能夠起死回生。」有人問他：「你用什麼方法呢？」他回答說：「我平時能治療半身不遂的病。現在我只要加倍用藥，不就可以起死回生了嗎？」物件當然是可以弄小，但無法弄大；可以將它分成兩半，但無法將兩半合成原樣。（戰國・呂不韋《呂氏春秋・別類》）

〈公孫綽起死人〉的故事主要是說，公孫綽不懂得「半身癱瘓」和「死人」的差別，以為只要將治療癱瘓的藥量加倍，就可以起死回生，諷刺公孫綽在邏輯上所犯的謬誤。

所以我們看問題，絕對不能像公孫綽那樣只從表面上看，而必須看到各個事物不同的本質特徵，才不致於鬧笑話，嚴重的話還會出人命。

這個故事本身就蘊含了諷刺，但是由於寫法上採用平鋪直敘的方式，人物沒有表情動作，到了結尾，作者還跳出來一本正經的點出主旨。這樣的寫法，使得情節不夠生動，人物形象不鮮活，語言不精采，諷刺的力道也就不強大了。

其實只要稍加改編，熟練幾種諷刺的手法，就能夠將平凡的文章點鐵成金。

諷刺是最高級的挖苦或貶損，有個新名詞稱為「高級黑」。最高明的手法是以不帶任何髒字的方式去罵人，常常用來點出人物或事件的荒謬可笑，有時甚至帶有幽默感。

寫作新思路　諷刺

諷刺，是表面上說這件事，實際上卻是指另一件事，或是讓讀者從不同於表面意義的方向來解讀你的話語，**目的都是在嘲諷譏刺**。諷刺的手法不在於語言形式上的變化，而是必須經過一番解讀，才能發現隱藏在表象底下的真相。

問題是，我們怎麼知道某個人物在說某件事的同時，真正的意思卻是另一回事？而且到底要怎麼寫，才能「演出」某個情節，然後意指另一個事實呢？以下有四個方法分享：

1. **誇張法：**把人或事的假、醜、惡加以放大或縮小，使之變形。例如：「公孫綽挺起胸膛，拍了拍藥箱，鄙夷的說：『我專治半死不活的人，現在只要加倍藥量，不就能起死回生？』」用誇張的態度諷刺公孫綽的無知。
2. **托物法：**把諷刺的對象比喻成某物，使其具體化、形象化。例如：「公孫綽說：『跟我相比，我是鳳凰，華佗就是雉雞。我只要加倍藥量就能使死人復活。』」諷刺公孫綽沒有自知之明。
3. **反說法：**就是「說反話」。作為諷刺手段的反話，是「反話正說」，用肯定讚美的語言，描述明顯的醜惡、虛假，表達作者的諷刺。例如：「人們聽了都說：『公孫綽真是個著手成春的名醫！』」一方面諷刺公孫綽其實「藥到命除」，一方面也諷刺人們的無知，一箭雙鵰。
4. **對比法：**描述被諷刺的人物前後不同的言行，以突顯他的愚蠢可笑。例如：「（當藥物無效時）公孫綽說：『病人難脫死神之手，我再強要醫治，豈不是違背天意？』」諷刺他找藉口自圓其說。

運用多種手法，諷刺的意涵就多出了好幾種層次。現在，就讓我們利用以上的方法，為故事創造出不同的諷刺意義。

故事新編

魯國有個叫公孫綽的人，某天，他胸有成竹的對人們說：「我能夠起死回生。」有人好奇地問他：「你用什麼方法呢？」

公孫綽挺起胸膛，拍一拍藥箱，傲然說道：「我平時能治療半身不遂的病，現在只要加倍用藥，不就可以起死回生了嗎？跟我比起來，我是鳳凰，華佗就是雛雞！」人們聽了紛紛稱讚：「公孫綽真是個著手成春的名醫！」

結果經由公孫綽這麼醫治，患者接二連三的死去，家屬們紛紛質疑他的醫術。公孫綽卻說：「病人難脫死神之手，我再強要醫治，豈不是違背天意？」

經典原文　公孫綽起死人①

魯人有公孫綽者，告人曰：「我能起死人。」人問其故。對曰：「我固能治偏枯②，今吾倍所以為偏枯之藥③，則可以起死人矣。」

物固有可以為小，不可以為大；可以為半，不可以為全者也。

注釋

①起死人：使死人復活。

②偏枯：中醫上指半身偏廢無用的病。

③倍：加倍。為：治。

32 生動有趣的譬喻法

比喻的事物之間有相同處，又有不同之處。不同處差異越大，就更能烘托相同之處，也容易讓讀者感到新奇。所以，拿看似無關的事物互相比喻，往往能創造出新奇、有創意的句子。

經典寓言

有個一出生就雙目失明的人不認識太陽，於是問看得見的人，太陽是什麼樣子？那人告訴他說：「太陽的樣子像銅盤。」失明的人就敲銅盤，聽到並記住了它的聲音，有天再聽到鐘聲，就把鐘當作太陽。也有人告訴他說：「太陽的光像蠟燭。」失明的人撫摸蠟燭，曉得了它的形狀，某天摸到樂器「籥」，就把它當作太陽。

太陽和鐘、籥的差別太大了，但是雙目失明的人卻不知道它們之間有很大的差別，因為他不曾親眼看見，而是向他人求得關於太陽的知識。（北宋‧蘇軾《蘇東坡集》）

這則〈日喻〉是蘇軾廣為人知的寓言名作，在〈22原因法，用說明原因來開頭〉中，曾以這篇故事談開頭的寫法，在這裡，我們則來談談譬喻法的使用。

故事是說：親眼觀察，對於我們正確認識事物非常的重要，而且任何人都無法取代。作者想說明：再好的比喻都不能完整的說出事物的全貌，只能反映某些表面現象的相似之處，耳聞真的不如親見。

故事說太陽的樣子像銅盤，然而銅盤和太陽的相似點是什麼？卻沒有形容出來，而說陽光像蠟燭，也沒有講清楚那是什麼樣的光？形容事物應該追求細膩，或是同時用好幾個譬喻法來形容，文章才會生動有趣。

◉◉◉◉◉寫作新思路　譬喻法

譬喻法，是最常被寫作者使用的修辭法，它的結構很簡單，就是由「**喻體**Ａ＋**喻詞**＋**喻依**Ｂ」所組成。

喻體是主角，是你要說明的事物；喻依是配角，是說明喻體的另一事物；喻詞是連接Ａ和Ｂ的輔助詞，常用的有：像、就像、好像、如、有如、似、若、彷彿、好比、猶如等等，最後還會加上進一步的說明。比如：

書本（Ａ）就像（喻詞）降落傘（Ｂ），打開來才能發生作用（說明）。

這種寫法需要非常有創意，才能造出巧妙的比喻，使文章具有藝術的美感，所以我們在「喻依」的部分，必須多多發揮想像力，並且盡力尋找Ａ事物和Ｂ事物之間的共通點，但更要讓Ａ和Ｂ看起來「無關」，才能給人新奇之感。

例如太陽（Ａ）和銅盤（B1）、薄餅（B2），乍看之下毫無關連，但是仔細一想，在視覺上它們都是圓形的薄片，掌握住這個共同點，三者就被連結起來了，因而創造出：「太陽像圓的銅盤，又像一片金黃色的薄薄的餅，高掛在天上。」加上說明：「莊嚴得有如我們的帝王。」就是多重譬喻的句子了。

常常練習譬喻法，會讓我們越來越有創意，現在，我們就來寫寫看。

故事新編

王盲一出生就雙目失明，從來沒見過太陽，他問看得見的人太陽是什麼樣子？有人告訴他：「太陽像圓的銅盤，又像一片金黃色的薄薄的餅，高掛在天上，莊嚴得有如我們的帝王。」王盲尊敬得敲敲銅盤，聽到了它的聲音，細小的嗡嗡聲，有規律的迴盪在空氣之間。有一天，他聽到鐘聲，就把發出聲音的鐘當作了太陽；摸到了餅，也認為是太陽而充滿敬意捨不得吃。

又有人告訴王盲：「太陽的光像點燃的蠟燭，當你直視著它，光線彷彿細針一般，往你的眼睛刺去，刺得你的眼睛生疼。」王盲就用手摸蠟燭，曉得了它的形狀。有一天，他摸到一支形狀像蠟燭的樂器「籥」，就把它當作了太陽；摸到了細針，雖然扎傷手，也覺得針就是太陽。

太陽和鐘、籥的差別太大了，但是天生雙目失明的人卻不知道它們之間的差別，因為他不曾親眼看見，而是向別人求得關於太陽的知識。

【經典原文】日喻（見第一〇〇頁）

33 超出事實的誇飾法

動漫中經常使用誇飾，將人、事、物變形，創造出奇特的幽默感。誇飾有時也會讓作者筆下的描述更有畫面感，表達上可造成意象鮮明的效果，同時具有戲劇的張力。

經典寓言

從前齊國有一個想要金子的人，有一天早晨，他穿好衣服、戴正帽子就到市場上去。他走到賣金子的地方時，搶了那個人的金子就走。衙役將他逮捕了，官員審問他：「人都在那裡，你為什麼還搶人家的金子？」齊人回答：「我搶金子的時候，看不見人，只看見金子而已。」（戰國・列禦寇《列子・說符》）

在〈攫金〉的故事裡，作者借官吏的角色提出了疑問：為什麼齊人敢當眾搶別人的金子呢？結果齊人竟然說：「取金之時，不見人，徒見金。」可見利字當頭時，真的可以使人鬼迷心竅，以致於當眾犯下錯誤。

故事藉著金子突顯了私欲的可怕，但是行文十分平淡，每一個動作的跳接太快，讓人感受不到金子具有「致命的吸引力」，也就無法窺見齊人的內心世界。

如果，我們能先以誇張的方式描述金子的外觀，突顯金子誘惑人的程度，並加強齊人看到金子時著了魔、心智迷亂的狀態，將會使這個故事更有說服力。要做到這點，我們就必須好好的熟悉誇飾法的使用。

誇飾法

誇飾，是用誇張而且超出事實的筆法裝飾文辭，將事物的特點描寫出來，使得形象更鮮明、情感更激烈，以增加文章的趣味性，達到「語不驚人死不休」的效果。誇飾法有「**放大誇飾**」和「**縮小誇飾**」兩種。

放大誇飾是向事物的多、高、大、長、遠、重、快等擴大形容，比如形容盤古開天闢地：「手一拳打開了天，腳一頓移動山河」。

縮小誇飾就是向事物的少、小、矮、短、近、輕、慢等縮小形容，比如形容清道夫掃地：「掃把底下從來就不會漏掉一吋路面」。在〈攫金〉的故事，我們可循以下四種方法來改寫：

1. **物象誇飾**：誇張的描寫物體的外觀，放大形容它的壯盛，或縮小形容它的微小。如：「布一掀開，金子的光芒充滿了整個市場，日光也無法將它掩蓋。」
2. **情態誇飾**：針對人的情感或姿態發生的情形，可放大形容情感的強烈，或縮小形容能力的微弱。如：「齊人是個想要金子想到瘋的人。」或「看到金子，他整顆心彷彿變得黃澄澄的，被金子給佔據了，眼裡沒有別人。」
3. **時間誇飾**：用誇張的筆法放大形容時間之快，或縮小形容時間極慢。如：「（見到金子時）時間似乎放慢了好幾拍，然後在瞬間停止。」
4. **數量誇飾**：用數字代表誇張的數量，可放大形容數量多，或縮小形容數量少。如：「桌上的黃金堆積如山，就像海灘上的砂粒鋪在面前，連綿約有十里。」

誇飾法需要豐富的想像力，雖然是將事物的特徵加以誇張，但不致於被誤認為事實，讀者反而能從中欣賞到誇張的創意，現在我們就來練習一下。

故事新編

從前，齊國有一個想要金子想到瘋的人，平日就經常作發財的夢。有一天早晨，他穿好衣服、戴正帽子就到市場上去。

齊人走到賣金子的地方，看到老闆將布掀開，金子的光芒立刻充滿了整個市場，日光也無法將它掩蓋。這時，他整顆心彷彿變得黃澄澄的，被金子給佔據了，眼裡沒有別人。桌上的黃金堆積如山，就像海灘上的砂粒鋪在面前，連綿約有十里似的，他只覺得時間似乎放慢了好幾拍，然後在瞬間停止。

齊人忍不住吞了一口口水，衝上前去搶了店家的金子就走。老闆急得團團轉，連忙找來衙役，衙役當場將他逮捕了。在公堂上，官員審問齊人：「市場上都是人，你為什麼還敢搶人家的金子？」他卻回答：「我搶金子的時候，看不見人，只看見金子而已啊！」

經典原文　攫金①

昔齊人有欲金者②，清旦衣冠而之市③，適鬻金者之所④，因攫其金而去。吏捕得之。問曰：「人皆在焉，子攫人之金何？」對曰：「取金之時，不見人，徒見金⑤。」

注釋

①攫：音決，奪取。

②欲：想要。

③清旦：清早，早晨。衣冠：穿戴好衣服、帽子。之：動詞，往。市：市場。

④鬻：音欲，賣。所：地方。

⑤徒：只，但。

34 讓動物說話的擬人法

許多童話或神話，都會大量的運用擬人法，這樣子寫，天地萬物便都可以成為寫作材料，一一與我們對話，也能讓我們用另一種角度或觀點，來看待萬物。

經典寓言

邯鄲的民眾在正月初一，將他們捕獲的斑鳩獻給簡子。簡子很高興，賞賜了他們很多東西。門客問簡子為什麼重賞？簡子說：「在正月初一這天將獵物放生，是表示一種恩德。」門客說：「民眾知道您要將獵物放生，所以爭相獵取它們，反而使它們死了很多。如果您想放生，不如禁止人們捕獵。捕獵之後再將其放生，您的恩德彌補不了犯下的過失。」簡子說：「你說得對！」（戰國・列禦寇《列子・說符》）

這則〈簡子放生〉的故事，揭露了某些人為了沽名釣譽，只做表面工夫，從事假仁假義的偽善行為。

在現代社會，像趙簡子那樣，為了政績而作秀的政客依然層出不窮；在職場上，我們也常看到行事好大喜功的老闆或主管，儘管他們博得了名氣，但要知道，解決問題不能只從表面上解決，而是從根本著手。

故事是透過門客所說的話，將寓言的主旨表現出來，諷刺了統治者的虛偽：趙簡子一方面允許捕捉斑鳩，一方面卻要以放生來積德，想一想，如果真的要放生，不是應該徹底禁止捕捉斑鳩嗎？又怎會害死不少禽鳥呢？

改寫故事時，如果換一個角度，改由被放生的主角「斑鳩」說話，教訓簡子一頓，會不會更有衝擊性？想要達到這樣的效果，就可以使用「擬人法」。

◉◉◉◉◉寫作新思路　擬人法

擬人法，就是將「不是人類」的東西或動物、植物，加上「人的特徵」，賦予「人的情感」，可使單調的事物變得有趣生動。

祕訣就在於「擬」，是將A事物當成B事物，兩個事物被當成一體，地位上不分先後。例如：斑鳩（A）說著打動人心的語言（B）。斑鳩是A，被當成有生命的、會說話的，就像人類在說話的樣子B。

在我們將事物擬人以前，必須先找出這些事物的特點才行，然後再把這些特點和人的思想、行為聯想在一起。例如，刺蝟的特點是全身帶刺，很難親近，很像人的個性尖銳，令人難以親近的樣子，就可以寫成：刺蝟的心眼很小，全身都帶著刺，讓人很難親近。

除此之外，我們也可以直接為事物加上人的喜、怒、哀、樂等情感，例如：雲被雷吼了一聲，就傷心的哭起來，淚水積成一片汪洋。

其次，為事物加上人類的稱呼，也是擬人的一種方法，例如：春姑娘滿臉笑容的來到人間，可是冬婆婆看都不看她一眼就離開了，像在嫉妒她的美麗。

現在，我們就來試試看讓故事中的斑鳩說話，要加上牠說話的動作、神態，還要設想一下，以斑鳩的立場，牠很可能會用什麼口吻對簡子說話。

故事新編

邯鄲的民眾在正月初一這天，將他們捕獲的斑鳩獻給簡子。簡子很高興，賞賜了他們很多東西。

門客看了很納悶，問簡子：「抓斑鳩是很不重要的事，為什麼您要重賞民眾呢？」簡子大笑說：「這，你們就不知道了！在正月初一這天將獵物放生，是表示一種恩德。上天有好生之德，我也要效法上天。」

這時，被關在鳥籠裡的斑鳩拍拍翅膀，鳴叫了兩聲，忽然說話了：「您固然想表示恩德，但是您知道嗎？民眾抓我們的時候，所設下的陷阱害死了許多我的同伴，我僥倖活下來。如果您想放生，為何不直接禁止人們獵捕？現在獵捕之後再將我放生，那些死去的斑鳩怎麼辦？您的恩德實在彌補不了犯下的過失啊！」

門客聞言驚訝不已，簡子又驚又悔，沉默一陣子，才說：「你說得對！」

◎◎◎◎經典原文　簡子放生①

邯鄲之民②，以正月之旦③，獻鳩於簡子④。簡子大悅，厚賞之。

客問其故。簡子曰：「正旦放生，示有恩也。」

客曰：「民知君之欲放之，競而捕之，死者眾矣。君如欲生，不若禁民勿捕；捕而放之，恩過不相補矣⑤。」簡子曰：「然⑥。」

注釋

①簡子：即趙簡子，名鞅。春秋末年晉國的卿。

②邯鄲：音寒單。戰國時為趙國的國都，今河北邯鄲。

③正月之旦：正月初一。

④鳩：斑鳩。

⑤補：補償。

⑥然：對，是。

35 為文字增添色彩的視覺摹寫

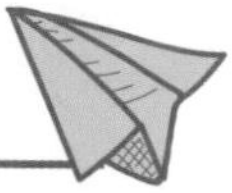

語言和繪畫都可以製造顏色的變化，產生色彩美。色彩能喚起人們的不同感受，表達不同的思想感情，增強了形象的美感，寫作者應該用畫家的視角去審視自己的作品。

◎經典寓言

公輸般雕刻鳳凰，冠和爪還沒有雕成，翠綠的羽毛也沒刻好，人們看見它的身體，說它像鸛鵄；看見它的頭，又稱它是鵜鶘。別人都笑鳳凰的醜和公輸般的笨拙。等鳳凰雕刻成功，翠綠的冠像雲彩一樣高聳，朱紅的爪子像電一樣閃動，錦繡般的身子像雲霞散發霞光，綺麗的翅膀像火花一樣燦爛。「翽」的一聲飛起，在刻有雲彩的梁柱翻飛，三天不落下集合，人們又稱讚鳳凰的神奇和公輸般的巧藝。（北齊・劉晝《劉子・知人》）

〈公輸刻鳳〉的故事，主要描述鳳凰雕刻完成的前、後，旁觀者看到的感覺和批評。我們可以見到在後段，作者運用了相當多的譬喻法，來形容鳳凰雕刻完成後的模樣，但卻沒有將鳳凰尚未完成前的模樣，好好的形容清楚，以致於削弱了前、後對比的效果，同時也少了一些驚喜。

這是很可惜的事，因為這樣，讀者就無從得知：「為什麼旁觀者會將鳳凰當成了鸛鵄和鵜鶘？」而這正是整個故事的關鍵！

如果換個方式寫，比如說加強前半段，多多透過色彩的點綴去描繪鳳凰半成品的模樣，這樣，讀者就會對鳳凰在後半段的變化感受得更深。

寫作新思路　視覺摹寫之色彩

很多人在寫作時，經常忽略了運用色彩去包裝筆下的人、事、物，然而這個世界其實就像萬花筒，擁有各種不同的色彩，寫作自然不能忽略用色。我們只要將看見的事物加上色彩，所描寫的對象就會栩栩如生。

在語言的世界裡，**形容詞是最有創造力的詞彙**，它們是由許多不同字、詞有機組合在一起而形成的，懂得組裝它們，就能在字裡行間創造繽紛的色彩。這裡有幾個方法，教你如何透過文字的組合描繪各種「顏色」：

1. **濃淡法**：將「深、淺、濃、淡、明、暗」等詞＋「顏色」，就可以將色調分出層次感。比如：深綠，淺綠，濃綠，淡綠，明亮的綠，暗綠色。
2. **雙色法**：將「顏色」＋「顏色」，也就是把兩個相近的、同色系的顏色，組合成新的形容詞。比如：橘紅，銀灰，藍綠，紫紅，翠綠，白銀。
3. **物色法**：將「某物」＋「顏色」，運用聯想力，先決定好顏色，再找出搭配顏色的某物，然後組合起來。比如：鵝黃，木瓜橘，磚紅，蘋果綠，雞蛋白，墨黑，月光銀，草原綠，薰衣草紫。
4. **擬人法**：就是將「人的個性」＋「顏色」，這是把色彩擬人化的寫法。比如：憂鬱的藍，熱情的紅，寂寞的白，青春的綠，沈重的黑，冷酷的銀，神祕的紫。

有了以上的四種方法，文字就能帶給讀者視覺上的衝擊。所以，讓我們來寫寫看，將平淡無奇的寓言故事，點染成充滿美麗色彩的短文。

故事新編

公輸般雕刻鳳凰，刻了很久還沒有完成，只見它頭上光禿禿的沒有冠，腳趾鈍鈍的，還沒有利爪，只有粗糙的腳指頭。顏色還沒有繪上，全身呈現黯淡的土棕色；羽毛也還沒刻好，像深黃色的枯葉；翹起的尾巴，則普通得像塊粗笨的木板。人們看見它的身體，都說它像鸏鶗；看見它的頭，又稱它是鴮鸅。所有人都在笑鳳凰的醜和公輸般的笨拙。

等到鳳凰雕刻成功，在明亮的陽光照耀下，翠綠的冠就像飄逸的雲彩那樣高聳，朱紅色的爪子如雷電般閃動，錦繡的身子像七彩的雲霞那樣散發霞光，綺麗的翅膀則像火花一樣鮮紅燦爛。當它「翽」的一聲飛起，在刻有雲彩的梁柱上翻飛，三天不落下來集合，人們才又稱讚鳳凰的神奇和公輸般的巧藝。

◉◉◉◉經典原文　公輸刻鳳①

公輸之刻鳳也，冠距未成②，翠羽未樹③，人見其身者，謂之「鸏鶗④」；見其首者，名曰「鴮鸅⑤」。皆訾其醜而笑其拙⑥。

及鳳之成，翠冠雲聳⑦，朱距電搖⑧，錦身霞散⑨，綺翮焱發⑩。翽然一翥⑪，翻翔雲棟⑫，三日而不集⑬。然後贊其奇而稱其巧。

注釋

①公輸：指公輸般，又稱魯班，春秋時魯國人，是有名的工匠，被後世的土木工匠奉為祖師。

②冠距：鳳凰的鳳冠和腳爪。距：公雞、雄雉等腳上蹠骨後上方，有突出像腳趾的部分，中有硬骨，外包角質，打鬥時可做武器。

③樹：建立，此指被刻出來。

④鸏䳈：音忙吃，古代一種屬鳩類的鳥，白色，外型像鷹。

⑤鶶鷵：音烏則，又名鵜鶘。體型比鵝大，羽毛灰白帶紅，頷下有喉囊，可以儲存食物，是捕魚高手。

⑥訾：音紫，詆毀，毀謗。

⑦雲聳：像雲彩一樣聳立。

⑧朱：紅色。電搖：像電一樣閃動。

⑨錦身：身上鮮豔美麗的花紋。霞：霞光。

⑩綺：音起，華麗，美麗。翮：音核，翅膀。焱：音琰，火花。

⑪翽：音會，鳥振翅高飛的聲音。翥：音汁，高飛。

⑫翻翔：用翻滾迴旋的姿態飛翔。雲棟：雕有雲彩的房屋梁柱。

⑬集：棲息。

36 用聲音說故事的聽覺摹寫

萬物皆可發出聲音。聽得見的聲音，可以用狀聲詞摹擬，也可以用譬喻法形容；至於那些人類聽力無法聽見的聲音，就要用想像力去揣摩，或用其他的聲音來形容了。

經典寓言

公明儀為牛彈奏名為〈清角〉的琴曲，牛依舊低頭吃草。不是牛沒聽見，而是不適合它的耳朵聽。他轉而彈奏出蚊子的聲音，以及落單的小牛的叫聲，牛就馬上甩動尾巴，豎起耳朵，踏著小步仔細地聽。（西漢・牟融《牟子理惑論》）

〈對牛彈琴〉的故事主要用來比喻，對不懂道理的人講道理，只是白費唇舌而已，就像公明儀為牛彈奏古雅的〈清角〉琴曲，但牛依然埋頭吃草，聽而不聞，因為對牛來說，再美妙的琴音都是沒有意義的。

故事主要是以公明儀對牛彈琴這件事，來講一個深刻的道理，但是卻沒有用文字將音樂表現出來，讀者就不知道音樂到底有多好聽，也就無法產生「牛聽不懂音樂」的戲劇效果。其實只要用聽覺摹寫來描寫音樂，就能改善故事的不足之處。

寫作新思路　聽覺摹寫

文字也可以充滿各種聲音，當你在寫作時，不只要學習書寫人物的對話，表現人物的語氣，只要和聲音有關的，都得要用聽覺摹寫，才能讓文字有聲有色。為了要讓寫作成功，我們應該要用心去聽，並且聽得仔細、聽得真切。

聽覺摹寫，就是指用文字描摹事物發出來的聲音，在這個故事裡，主要描寫的對象就是〈清角〉的琴音、蚊子的聲音和小牛的叫聲。有幾種方法可以運用：

1. **譬喻法**：用具體的事物形容抽象的聲音，使用的喻詞有：像、就像、好像、好比、有如、恰似、彷佛等等。例如：「從高華悠雅的樂聲中，彷彿看見草地上開了數不盡的野花，輕輕地隨風飄動。」
2. **擬人法**：把聲音形容得像人一樣，擁有人的情感和動作。例如：「琴音從公明儀的手指底下解放出來，愉快的在青山綠水間飄蕩，在時光中緩緩的流動。」
3. **聲音＋某樣東西**：搭配**狀聲詞**，將聲音和某樣東西聯想在一起。例如，形容彈奏出蚊子的聲音：「嗡嗡聲在空氣中傳開來，聲音由小變大，就像一顆石子投到湖水中，湖面激起層層漣漪。」
4. **聲音＋其他聲音**：搭配**狀聲詞**，將兩種不同的聲音聯想在一起。例如，形容彈奏出落單的小牛的叫聲：「洪亮的哞哞聲震動四周，有如晴天打了一個霹靂那般嚇人。」

公明儀聽到的都是具體的聲音，但是生活中還有許多聽不到的聲音，或是難以形容的聲音，比如花開的聲音、長牙齒的聲音、蝸牛爬行的聲音等等，都需要我們用更細緻的想像力去傾聽，以豐富我們的寫作。

故事新編

公明儀突發奇想的想要為這頭牛演奏一曲，他揮手撥動琴弦，彈奏了一首高雅的〈清角〉之曲。琴音從他的手指底下解放出來，愉快的在青山綠水間飄蕩，在時光中緩緩的流動。從高華悠雅的樂聲中，彷彿可以看見草地上開了數不盡的野花，輕輕地隨風飄動。然而牛依舊低頭吃草，不為所動。

於是公明儀靈機一動，再度揮手撫動琴弦，這次彈奏的是蚊子的聲音，嗡嗡聲在空氣中傳開來，聲音由小變大，就像一顆石子投到湖水中，湖面激起層層漣漪。接著，又彈出落單的小牛的嗚叫聲，洪亮的哞哞聲震動四周，有如晴天打了一個霹靂那般嚇人。

這次，牛終於甩動尾巴，豎起耳朵，踏著小步仔細地聽。原來對牛來說，這些才是牠熟悉的聲音。

經典原文　對牛彈琴

昔公明儀為牛彈清角之操①，伏食如故②。非牛不聞，不合其耳矣。轉為蚊虻之聲③，孤犢之鳴④，即掉尾奮耳，蹀躞而聽⑤。

注釋

①昔：過去，從前。公明儀：春秋時魯國人，子張的弟子。子張是孔子弟子，公明儀是孔子的再傳弟子。清角之操：音律境界高深、曲調高雅的曲子。清角：古代曲調名。操：琴曲。

②伏食：埋頭吃草。如故：仍舊。

③蚊虻：蚊子。虻，音氓。

④孤犢：離開母親的小牛。犢：音毒，小牛。

⑤蹀躞：音蝶謝，小步的來回走動。

37 讓文章親切有味的味覺摹寫

味覺十分著重「體驗」，寫作也要避免描述得太過簡單。平日可嘗試各種食物，仔細的品味出食物的各種層次，寫作就能以較為細膩的文字表現味覺，擴展想像力。

經典寓言

有個賣酒的人，店裡做酒和裝酒的器具都擦洗得非常清潔，門口賣酒的招牌很長，足以使人注目，可是酒卻賣不出去，漸漸就變酸了。這人請教鄰居原因，鄰居說：「你家的狗太兇猛了！客人提著酒壺進去你店裡買酒，狗就撲上去想要咬人，這就是酒賣不出去而酸掉的原因！」（春秋齊・晏嬰《晏子春秋・內篇・問上》）

〈猛狗〉的故事主要是說，一個地方如果老是讓壞人任意橫行霸道，那裡的事業就不可能興旺發達。晏子藉著這個故事勸告齊景公，不要讓猛狗一般的權貴妨礙國家的發展，阻擋賢才為國家效力。

此外，賣酒者只知道從酒器的清潔和招牌的長度去用心，卻沒有想到店裡有頭猛狗會妨礙生意，也是在提醒我們「小細節成就大事業」，在綜觀全局之外，也必須留意小細節，同時向人虛心求教。

故事的轉折點在於「酒酸」，但卻是透過作者的敘述而來，顯得太過直白。如果我們能讓賣酒者把試酒的動作「演」給我們看，透過味覺摹寫的書寫方式，將能使得整個故事更加生動寫實，引起讀者的共鳴。

◉◉◉◉◉寫作新思路　味覺摹寫

味覺摹寫，就是描寫舌頭嘗到的味道，但不一定只限於食物，有時也能用來形容抽象的事物，比如內心的感覺也可以用味覺來形容。

寫作時，可以靈活運用描述味道的字詞，像是酸、甜、苦、甘等等，再加上描寫人物嘗到味道時的反應。請參考下面的寫法：

1. **描述口腔內部**：將食物在口腔中分解和散布味道的細節描寫出來。例如：「毫不猶豫的一口飲下，霎時間，酸澀的酒汁迅速地侵略舌尖上的味蕾。」
2. **描述心情變化**：將嘗到味道時的心情「變化」描寫出來。例如：「剛入口時覺得酸澀，待酒水滑入喉嚨後，一陣陣苦味湧上來，散布在唇齒之間，讓他連心情也由酸轉苦了。」
3. **描述生理反應**：吃下食物以後，難免會感覺到舒服或不適，可加以形容。例如：「當酸酒在胃裡頭開始發酵、翻滾，他忍不住慘白著臉，握住喉嚨連連作嘔，卻只吐出了幾滴酒汁。」
4. **譬喻法**：用具體事物來形容抽象的味道。例如：「他看著冷冷清清的店，心裡盤算這些日子的損失，不由得叫一聲苦，像是嘴裡含了一隻臭襪子。」

廚師煮出一道菜，端上桌來，我們就會用「色、香、味」來形容這道菜的美味，當然也能用來形容食物難以入口的感覺。寫文章就像廚師做菜一樣，在文章中把食物的味道一一描述出來，會讓文章更加親切有味。

故事新編

有個賣酒的人，店裡做酒和裝酒的器具都擦洗得非常清潔，門口賣酒的招牌很長，足以使人注目，可是酒卻賣不出去。賣酒人覺得奇怪，於是打開酒罈，撈了一杯酒，毫不猶豫地一口飲下，霎時間，酸澀的酒汁迅速地侵略舌尖上的味蕾，他劇烈的咳了幾下。剛入口時覺得酸澀，待到酒水滑入喉嚨後，一陣陣苦味湧上來，散布在唇齒之間，讓他連心情也由酸轉苦了。

當酸酒在胃裡頭開始發酵、翻滾，賣酒人忍不住慘白著臉，握住喉嚨連連作嘔，卻只吐出幾滴酒汁。他自言自語：「太久沒賣掉，酒竟然變酸了！」他不甘心地跑去請教鄰居。鄰居說：「你家的狗太兇猛了！客人提著酒壺進去你店裡買酒，狗就撲上去想要咬人，這就是酒賣不出去而酸掉的原因！」

賣酒人聽了很失落，看著冷冷清清的店，心裡盤算這些日子的損失，不由得叫一聲苦，像是嘴裡含了一隻臭襪子。

經典原文　猛狗

人有酤酒者①，為器甚潔清②，置表甚長③，而酒酸不售。問之里人其故④。里人曰：「公之狗猛，人挈器而入⑤，且酤公酒⑥，狗迎而噬之⑦，此酒所以酸而不售也。」

注釋

①酤：音估，買酒或賣酒。
②為：此指擦洗。潔清：乾淨。
③置：安置。表：此指招牌。
④里人：古時二十五家為一里，指住同一里的人。

⑤挈：音竊，拿。
⑥且：將。
⑦噬：音試，咬。

38 讓氣味現形的嗅覺摹寫

代表嗅覺的字詞相當少，這類感覺往往必須依附在其他事物或是其他感官，才能形容出來。但這反而變成一種特色，使嗅覺摹寫比其他感官摹寫，在寫作上擁有更大的彈性和變化。

經典寓言

有一個在鄭國賣珍珠的楚國人，用名貴的木蘭雕了一只盒子來裝珍珠，薰上牡桂和花椒的香氣，用珠寶和玉點綴，用玫瑰色的美玉裝飾，再用翡翠縫邊。有個鄭國人把盒子買走了，卻把裡面的珍珠退還給他。這可以說，楚人很擅長賣盒子，而不擅長賣珍珠。（戰國・韓非《韓非子・外儲說左上》）

這則〈買櫝還珠〉的故事主要是說，如果過分追求形式的華美，使外在掩蓋了內容，甚至歪曲內容、主次顛倒，就會扭曲事物的本質。故事中的商人過分追求外表包裝的華美，卻忽視提高商品的品質，在我們周遭經常見到這類現象。

作者盡可能誇張的描寫，是本故事的特色。商人為他所賣的珍珠製作了外包裝的盒子，不但採用珍貴的木料、眩目的裝飾，還給盒子薰上牡桂和花椒的清香，這是嗅覺的描寫，但是原文只以一句「薰以桂椒」就輕輕帶過了，十分可惜。

我們可以針對氣味的部分加以描述，讓虛無飄渺的氣味現形，以氣味烘托盒子的華麗，看看這麼改的效果會如何。

◉◉◉◉◉寫作新思路　嗅覺摹寫

氣味漂浮不定，四處遊蕩，最後消失在空氣裡，讓人抓不住、也摸不著，這是它獨一無二的特性。

氣味也是最神祕、最有力量的一種感官感覺，就像看見魔術師從一頂空的帽子裡抽出一長串的手帕，它讓回憶和驚喜不斷的湧現。

氣味這麼虛無縹緲，使人容易運用想像力，嘗試各種不同的描寫。直接描寫香、臭是最基本的，比如說「芬芳的玫瑰」、「腐臭的垃圾」。但是我們還可以進一步結合氣味的來源、其他感覺、聯想、通感，為故事中的氣味創造出新的描述：

1. **來源法**：用氣味的來源來比喻。如：「牡桂味和花椒味的揉合。」
2. **借用法**：借用別的感官感覺來形容。比如借用味覺：「初聞到的氣味甜甜的。」
3. **聯想法**：從氣味聯想到畫面和故事。如：「聞起來彷彿是一位優雅的夫人正在用質地純淨的碗，將芳草浸泡在蜂蜜和灼燒過的檀木裡。」
4. **抒情法**：用形容情感的詞語描述氣味。如：「這種芬芳讓人神魂俱醉。」
5. **譬喻法**：運用比喻，試著跨越感官的界線。比如嗅覺跨到觸覺、視覺：「氣味清新得像剛洗好的衣物，暖和得像冬日的暖陽，豔紅得像盛開的玫瑰。」
6. **層次法**：利用微、淡、濃、烈等代表輕重程度的字眼，為氣味分出層次。如：「遠望時，鼻端飄過淡淡的清香；靠近聞，濃郁的味道便往臉上、身上撲來。」

多種寫法能使故事中的氣味變化豐富，我們在閱讀故事時，也似乎能聞到漂浮在空氣中的暗香，跟隨作者進行一場氣味之旅。

故事新編

有一個在鄭國賣珍珠的楚國人，用名貴的木蘭雕了一只盒子來裝珍珠，薰上牡桂和花椒的香氣，用珠寶和玉點綴，用玫瑰色的美玉裝飾，再用翡翠縫邊。

有個鄭國人經過盒子，停下來看了看，聞到牡桂味和花椒味的揉合，勾起了他的好奇心。他初聞到的氣味甜甜的，彷彿是一位優雅的夫人正在用質地純淨的碗，將芳草浸泡在蜂蜜和灼燒過的檀木裡，讓人神魂俱醉。那股氣味清新得像剛洗好的衣物，暖和得像冬日的暖陽，豔紅得像盛開的玫瑰。遠望時，鼻端飄過淡淡的清香；靠近聞，濃郁的味道便往臉上、身上撲來。原來是盒子的味道。

於是鄭國人決定把盒子買走，卻把裡面的珍珠退還給楚人。這可以說，楚人很擅長賣盒子，而不擅長賣珍珠啊！

◉◉◉◉經典原文　買櫝還珠①

楚人有賣其珠於鄭者②，為木蘭之櫃③，薰以桂椒④，綴以珠玉⑤，飾以玫瑰⑥，輯以翡翠⑦，鄭人買其櫝而還其珠。

此可謂善賣櫝矣⑧，未可謂善鬻珠也⑨。

注釋

①櫝：音讀，匣子。

②鄭：周代的諸侯國，在今河南鄭州一帶。

③木蘭：木名，木質細緻，質料堅固、美觀。櫝：匣子，盒子。

④薰：用香料塗。桂椒：香料名，牡桂和花椒。

⑤綴：音墜，點綴。以：用。

⑥玫瑰：一種赤色的美石。

⑦輯：縫邊，此指用翡翠在匣子上縫邊。翡翠：硬玉中含鉻而呈翠綠色。光澤如脂，半透明，可作為珍貴飾品。

⑧善：擅長。

⑨鬻：音欲，賣。

39 讓文字觸感鮮明的觸覺摹寫

觸覺的獨特之處，在於比聽覺、嗅覺、味覺等更為個人化。同樣的接觸，在不同的人身上可能得到天差地遠的答案。正因為如此，運用觸覺摹寫更能創造出獨特、鮮明的描述。

經典寓言

一隻河蚌正打開殼曬太陽。有一隻鷸鳥，伸嘴去啄河蚌的肉。河蚌連忙把殼合上，緊緊地夾住了鷸鳥的嘴。鷸鳥就說：「今天不下雨，明天不下雨，你就會死。」河蚌也對鷸鳥說：「今天不放開你，明天不放開你，你就會死！」兩個誰也不肯放。漁夫看到了，就把牠們一起捉走了。（《戰國策‧燕策》）

〈鷸蚌相爭〉的故事告訴我們，勢力相當的兩方如果拼命互鬥，各不相讓，有可能兩敗俱傷，最後讓第三者坐收利益。好比故事中的漁夫不費吹灰之力，利用鷸、蚌相爭僵持不下的局面從中收穫，就是血淋淋的例子。

故事中最精采的就是鷸、蚌相爭時的對白。雙方都知道對方的弱點，於是死咬著不放，兩者都沒想到這樣的堅持除了會傷害對方，也可能反過來害了自己。幾句爭鋒相對的對話，就把鷸、蚌的形象鮮活的突顯出來了。

鷸、蚌「互咬」的過程，必定讓牠們飽受疼痛、煎熬，可惜故事裡卻沒有詳細描述。我們如果在故事中加上觸覺的描寫，誇張兩方的拔河、角力，就能表現牠們「咬死不放」的愚蠢，故事就會更加生動。

◉◉◉◉◉寫作新思路　觸覺摹寫

感受觸覺唯一的方式，就來自於我們的皮膚。皮膚能感覺到外在環境的刺激，把觸碰到的壓力、溫度、質感、軟硬、形狀等，變成「感覺訊息」，例如痛、麻、癢、酸、軟、硬、尖、圓、冷、熱等，傳遞到大腦，這就是觸覺。

觸覺會影響心理，比如被親愛的母親擁抱，心裡就會覺得「很溫暖」。觸覺也會影響心情，當你感覺清涼，就會心情很好；當你感覺疼痛，就會不舒服、很煩躁。寫作時，可以運用以下的幾種方法，讓文字「觸感鮮明」：

1. **皮膚的觸感：**描述觸碰到物體時，所感受到的感覺。例如，鷸鳥啄河蚌的肉時，鷸鳥覺得「如同咬住一團棉花，輕鬆又寫意」，河蚌卻覺得「一陣尖銳的痛感猛戳牠的神經，讓牠痛不欲生」。而河蚌咬住鷸鳥的嘴時，河蚌覺得「冰冷而堅硬」，鷸鳥則覺得「就像被捕獸夾夾住，喙痛得快碎散了」。

2. **心情的觸覺：**用冷、熱、痛、癢等代表觸覺的字眼來描述心情。例如，鷸、蚌僵持不下時，鷸鳥「恨得牙癢癢的」，蚌則「淡定得像塊冰冷的石頭」。

3. **利用常用語：**許多生活中常用的觸覺相關的口頭禪或習慣用語，也包含觸覺相關的詞語。例如，鷸鳥的「脾氣很硬」，河蚌的「個性冷靜」。

平日可以多多鍛鍊感官的敏感度，用觸覺來認識世界，練習去觸摸身旁的物品，然後將感覺記錄下來，對於寫作會有很大的幫助。

故事新編

一隻河蚌正打開殼曬太陽。有一隻鷸鳥，伸嘴去啄河蚌的肉。河蚌連忙把殼合上，緊緊地夾住了鷸鳥的嘴。

鷸鳥咬住蚌肉時，覺得如同咬住一團棉花，輕鬆又寫意；河蚌卻感到一陣尖銳的痛感猛戳神經，讓牠痛不欲生。而河蚌咬住鷸鳥的喙時，覺得冰冷而堅硬，鷸鳥則感覺自己像被捕獸夾夾住，喙痛得快碎散了。即便如此疼痛，牠們的嘴上卻不饒人，鷸說：「今天不下雨，明天不下雨，你就會死。」河蚌也說：「今天不放開你，明天不放開你，你就會死！」鷸鳥的脾氣硬，恨得牙癢癢的；河蚌的個性冷靜，淡定得像塊冰冷的石頭，兩個誰也不肯放。

漁夫看到了，就把牠們倆一起捉走了。

◎◎◎◎經典原文　鷸蚌相爭①

蚌方出曝②，而鷸啄其肉，蚌合而鉗其喙③。

鷸曰：「今日不雨，明日不雨，即有死蚌！」

蚌亦謂鷸曰：「今日不出，明日不出，即有死鷸！」

兩者不肯相舍④，漁者得而並禽之⑤。

注釋

①鷸：音域，水鳥名，長嘴灰背，棲田澤間，喜食小魚。蚌：音棒，河蚌，有兩片很硬的蚌殼。

②曝：曬太陽。

③鉗：夾住。喙：音會，鳥嘴。

④舍：音捨，捨棄。

⑤禽：同「擒」，捉住。

40 裝上身體雷達的感官摹寫

書寫感官感覺，其實就是不斷探索生命的過程。當作者寫下生活中的香氣、味道、觸感、氣味和聲音，讀者彷彿也一同進行了感官之旅，分享整個生命的歷程、情感與回憶。

經典寓言

夏水之口的南面住著一個叫涓蜀梁的人。他這個人愚蠢又膽小，在月光明亮的晚上行走時，低頭看見自己的影子，以為是蹲在旁邊的鬼；抬頭看他自己的頭髮，以為是站立的魔鬼，於是轉身逃跑。等他到家，由於受到過度的驚嚇，氣絕身亡。這難道不是很悲痛的事嗎？（戰國・荀況《荀子・解蔽》）

〈涓蜀梁畏影〉這篇寓言告訴我們，世界上沒有什麼鬼，鬼只是那些愚蠢膽小的人，因為心中疑神疑鬼和害怕而產生的幻覺罷了！也就是所謂的「疑心生暗鬼」，以致於把自己的影子和頭髮都當成鬼怪，最後嚇死自己。

故事的高潮是涓蜀梁怕鬼的那段，但光憑「俯見其影」和「卬（仰）視其髮」這兩個視覺的動作，並不足以讓我們感受到恐懼，畢竟這是非常普通的行為。如果能夠再加上聽、觸、嗅、味等其他的感官摹寫，相信會使故事更有感染力。

寫作新思路◉◉◉◉◉ 感官摹寫

感官摹寫，是將身體的五種感官對事物的感受，用文字加以形容描寫。寫作時，先藉由視、聽、觸、味、嗅等身體感官，來觀察和體驗事物，然後書寫出來。但是「鬼」看不見又摸不著，該怎麼用感官來體驗呢？

這時，就要加上你的心靈之眼——**想像力**。比如說在故事裡，作者用低頭看影子和抬頭看頭髮等視覺動作，形容主角怕鬼，其實是根基於人對於「黑影」的恐懼這個普遍的概念，所作的想像。那麼在其他感官上，還能怎麼想像？

1. **聽覺**：描寫事物所發出的各種聲音，可運用狀聲詞和擬聲字、疊字來寫。用在「怕鬼」的主題上，就可以製造難聽的噪音，如：「嗚……嗚……咻、呼呼……。」這樣就可以渲染神祕恐怖的氣氛。

2. **嗅覺**：描寫鼻子聞到的氣味，可運用描述氣味的詞彙，如香、臭、腥、羶、焦等等。鬼的味道可能偏向難聞，才能勾起人們的恐懼，如：「風吹過，他彷彿聞到一陣難聞的魚腥味，夾帶著火燒焦的味道。」

3. **味覺**：描寫舌頭嘗到的味道，可運用描述味道的字詞，如酸、甜、苦等等，再加上人嘗到後的反應。鬼出現時，人的心理反應可能會影響生理，所以主角嘗到不該嘗到的味道了，如：「他只覺得口中一陣發苦，似乎吃到了大量的苦瓜；捲一捲舌頭，連嘴唇都覺得酸苦。」

4. **觸覺**：描寫皮膚接觸外在物體的感覺，可使用描述觸感的字眼，如冷、熱、痛、癢等等。鬼出現可能會造成不舒服的反應，如：「他似乎感到全身上下又痛又癢又刺，就像有人在他身上倒了一籮筐的螞蟻，無數的螞蟻正齧咬著他的身體……他忍不住大跳起來。」加上誇張的動作。

想將感官摹寫練習純熟，就必須在日常生活中練習自己的敏感度，多到外面走走、看看，聆聽大自然的聲音，增加生活經歷，描寫就能更細膩。

故事新編

夏水之口的南面住著一個叫涓蜀梁的人，他的為人愚蠢又膽小。某天，在月光明亮的晚上行走時，他低頭看見自己的影子，以為是蹲在旁邊的鬼；抬頭看自己的頭髮，以為是站立著的魔鬼。風吹過，林子裡發出「嗚……嗚……咻、呼呼……」的聲音，他彷彿聞到一陣難聞的魚腥味，夾帶著火燒焦的味道。他只覺得口中一陣發苦，似乎吃到了大量的苦瓜；捲一捲舌頭，連嘴唇都覺得酸苦。

涓蜀梁轉身就跑，似乎感到全身上下又痛又癢又刺，就像有人在他身上倒了一籮筐的螞蟻，無數的螞蟻正囓咬著他的身體……他忍不住大跳起來。等他好不容易逃回家，由於受到過度的驚嚇，竟然氣絕身亡。這難道不是令人悲痛的事嗎？

經典原文　涓蜀梁畏影①

夏首之南有人焉②，曰涓蜀梁。其為人也，愚而善畏③。明月而宵行④，俯見其影，以為伏鬼也⑤；卬視其髮⑥，以為立魅也⑦。背而走⑧，比至其家⑨，失氣而死⑩。

注釋

①畏影：害怕身體的影子。
②夏首：地名，夏水之口，在今湖北武漢附近。
③善畏：容易害怕。
④宵行：走夜路。宵：夜晚。
⑤伏鬼：伏在地上的鬼。
⑥卬：音養，同「仰」。
⑦立魅：站立的鬼。
⑧背而走：轉身就跑。
⑨比：音必，及，等到。
⑩失氣：斷氣。

關鍵 5

用轉述的，不如實際演給大家看

透過人物轉述故事，
不如描寫他們的一舉一動、一言一行，
我們讓事件變成舞台，
而人物在故事裡實際的搬演給讀者看，
讀者才會有身歷其境的快感。

41 認識故事的五大要素

要講一個完整的故事，就要包括「人、事、時、地、物」這五大基本要素，對應於英文的5w1h，分別就是：who、what、when、where、why、how，可用來檢視故事是否具備完整性。

經典寓言

現在有人見一點黑就說是黑，見一片黑卻說是白，那麼一定以為這人是不知辨別黑白。嘗一點苦就說苦，嘗多了苦卻說是甜，那麼一定以為這個人是不知辨別苦甜。今天做了小的壞事，能夠知道而且譴責它；做大的壞事，攻打別國，就不知道譴責，反而稱讚它，說它義；這能說知道辨別義與不義嗎？由此可知世上的君子，需要分辨義與不義這種容易混亂的說法。（春秋・墨翟《墨子・非攻上》）

〈黑白苦甘〉這個故事，以「少見黑曰黑，多見黑曰白」，以及「少嘗苦曰苦，多嘗苦曰甜」兩個不合邏輯的例子，揭穿世人只知譴責偷盜行為的「不義」，卻反過來稱讚侵略別國是「義」的荒謬行為。

類似的文章，如莊子也曾以「竊鉤者誅，竊國者侯」，來譏刺這種「小盜被殺、大盜得國」的反常現象，反映世道的荒謬。

這段文章不像寓言，強調的是「說理」，邏輯性強，但是看不到真正的故事，有點像在看墨子

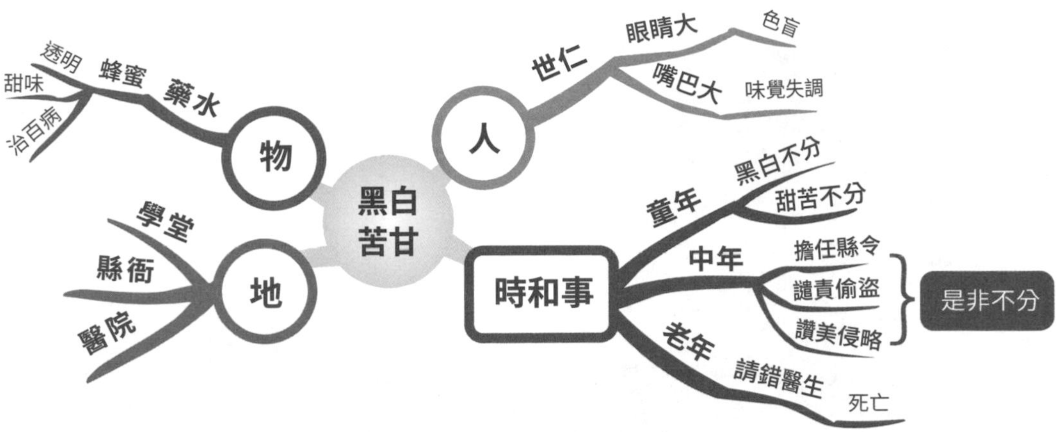

教訓讀者。如果我們希望在講道理的時候更有說服力，又不至於淪為枯燥的說教，不如就先說一個人、事、時、地、物兼具的好故事，將使文章更加迷人，同時也能讓讀者「自然地」體會你想要表達的道理。

寫作新思路　故事的五大要素

在寫作前，我們要先從故事的五大要素：人、事、時、地和物，來構思故事的內容：

1. **人：**是文章的主角。我們可以為這則寓言設定一個主角，比如叫做「世仁」，是「世人」的諧音，有諷刺意味，再略加形容他的樣貌。
2. **事：**也就是事件，要挑重點寫。可以設想主角患有色盲，無法辨別黑白，同時患有味覺失調，無法分辨苦甜，受疾病的影響，也無法分辨是非。
3. **時：**是事件發生的時間。可以設定這則寓言有三個時間點，分別是主角的童年、中年和老年，從這三階段看問題是如何擴大的。
4. **地：**是事件發生的地點。根據時間來設定地點，比如說分別是學堂、工作地點「縣衙」和醫院，主角在不同的地點犯了不同的錯誤。

5. **物**：可以是無生命的物品、風景，也可以是有生命的動、植物。可以寫主角生病吃的藥水是蜂蜜，主角卻當成良藥苦口，最後無效，導致死亡。

接著我們就畫個心智圖，來為這則寓言規劃出人、事、時、地、物，最後將它們組合成一篇文章。

要注意的是，在畫心智圖時要盡量拋棄框架、大膽揮灑，讓構思的內容豐富一些，寫成文章時，才有足夠的材料可以選用。（有關心智圖的畫法，見第六十九頁）

故事新編

世仁的眼睛很大，卻不幸患了色盲，見一點黑就說是黑，見一片黑卻說是白；他的嘴巴寬闊，味覺卻失調了，嘗一點苦就說苦，嘗多了苦卻說是甜，除此之外，他長得就像你我一般。

他童年時上學堂，因為黑白、苦甜不分，同學都當他是異類，但他勤學苦讀，最後考中狀元，還當了縣令。他在縣衙辦案，經常譴責偷盜，將小偷用最重的刑罰來處置；見到大國侵略小國，強取小國的土地，卻又加以讚賞，說這符合正義，在他的治理之下，老百姓敢怒不敢言。

過了很多年，世仁老了，疾病惡化，看了許多名醫都醫不好，有一天，聽說外頭有個知名的樹醫，就請過來醫治他。樹醫開了藥水給他，他看看那藥水黑得徹底（其實是透明的），再嚐嚐那藥水苦得到家（其實是甜的），欣然笑說：「果然良藥苦口！」於是天天喝藥水，不久就病死了。

後來家人取來那藥方一看，上面只是寫著：「每日。蜂蜜加清晨的露水一匙。」由此可知，世上的君子需要明辨是非，才不會耽誤自己。

◉◉◉◉經典原文　黑白苦甘

今有人於此，少見黑曰黑，多見黑曰白，則必以此人為不知白黑之辯矣①；少嘗苦曰苦，多嘗苦曰甘，則必以此人為不知甘苦之辯矣。今小為非②，則知而非之；大為非攻國③，則不知非，從而譽之，謂之義：此可謂知義與不義之辯乎？是以知天下之君子也，辯義與不義之亂也④。

注釋

①辯：判別，分別。

②小為非：據未收的前文，是指「入人園圃，竊其桃李」、「入人欄廄，取人馬牛」等盜竊行為。

③攻國：侵略別國。

④亂：此指混淆黑白，顛倒是非，以不義為義。

42 心理描寫呈現人物的內在

心靈的隱密性，是它的迷人之處，人們內心的鬥爭，更不亞於現實世界鬥爭的激烈。以文字揭開人物靈魂深處的奧祕，既滿足了我們窺探的慾望，同時也使得故事充滿魅力。

經典寓言

忠、萬、雲安等地有很多老虎。有個婦人白天把二個小孩放在沙上，自己在溪中洗衣服，老虎從山上奔來，婦人很慌張地沉進水裡躲藏，二個小孩子在沙上戲耍，神態依然如故。老虎注視了很久，甚至用頭去觸碰他們，希望其中一個能害怕，小孩子天真，竟不知道驚怪，老虎最終離去了。

料想老虎要吃人，必定先對他施加威嚇，而不感到害怕的人，老虎的威嚇不就沒有地方施加了嗎？（北宋・蘇軾《蘇東坡集・書孟德傳後》）

這則〈威無所施〉的故事，講的是「初生之犢不怕虎」，小孩不懂害怕為何物，這種態度反倒使老虎有所顧忌，以為小孩另有奇招而不敢輕舉妄動。這說明了，面臨強大的威脅時，勇敢無懼的面對或許還有克敵致勝的機會，若以弱者的姿態求饒，敵人必定毫不考慮的一口吃下。

這個故事值得思考的是，故事中的「婦人」躲在水裡的行為十分可疑，若沒有清楚寫出她內心的掙扎，我們很容易就認定她是「毫不猶豫」的拋下小孩，如此，故事也就顯得不合理。所以，讓我們先來剖析她的內在，再做深度的描寫。

◎◎◎◎◎寫作新思路　心理描寫

心理描寫，是對人物的內心世界和思想活動進行描寫的方法，比起動作、外貌、服裝描寫，心理描寫更能直接寫出人物的內心感受。

最常見的寫法，是作者以旁觀者的身分（第三人稱），直接描述人物的思想活動或心理上的變化，或是透過人物的獨白（第一人稱）來寫，這些都需要細膩的觀察力。細微之處，旁人看不出來，可是你看見了，就能突顯寫作者的功力。

但是要注意，**人性是複雜的**，婦人的內心有沒有掙扎？當時她在想什麼？都是值得關注的部分。以下，讓我們跟著步驟來寫寫看：

1. **找出問題**：從故事中尋找可疑或曖昧模糊的地方，這些地方都是可供我們寫作的切入點。

A. 婦人真的是小孩的親生媽媽嗎？

B. 婦人打算躲起來時正在想什麼？

C. 婦人在水中眼看老虎靠近小孩時，正在想什麼？

2. **回答問題**：將以上的問題依自己的聯想與推理來作答。

A. 婦人的確是小孩的親生媽媽。

B. 婦人心想：「來不及逃跑了！沉入水中是唯一的出路，但是孩子那麼小，根本無法憋氣太久……來不及想了！先沉下去再說！」

C. 婦人拿著石頭，心想：「等老虎轉過頭去，我就衝上去猛砸牠的頭！」但是老虎總不轉頭，反而用頭觸碰孩子。婦人想：「乖孩子別動！看這頭老虎的肚腹飽滿，顯然已經吃飽，只要孩子不要威脅到牠，就能逃生！此時娘若出來，反而威脅到老虎，屆時我們母子三人就要喪命於此！」

3. **去除結論：**結尾的那段結論，已經由婦人的心理描寫呈現出來了，就可刪去。

這麼寫，立刻讓人物的形象鮮活起來，同時也將婦人躲起來不救小孩的情節合理化，才不會使故事不夠完整，留下一個令人遺憾的缺角。

故事新編

忠、萬、雲安一帶有很多老虎。婦人白天把二個小孩放在沙上，自己在溪中洗衣服，忽然她看見老虎從山上奔來，很慌張，心想：「來不及逃跑了！沉入水中是唯一的出路，但是孩子那麼小，根本無法憋氣太久……來不及想了！先沉下去再說！」她沉進水裡躲藏，二個小孩子還留在沙上戲耍，神態依然如故。

老虎注視了很久，甚至用頭去觸碰孩子，希望其中一個能害怕。婦人在水底撿了一塊石頭，心想：「等老虎轉過頭去，我就衝上去猛砸牠的頭！」但是老虎總不轉頭，反而用頭觸碰孩子。婦人緊張萬分，不斷禱念：「乖孩子別動！看這頭老虎肚腹飽滿，顯然已經吃飽，只要孩子不要威脅到牠，就能逃生！娘若出來，反而威脅到牠，屆時我們母子三人就要喪命於此！」

小孩子天真，竟不知道驚怪。老虎最終離去了。

◎經典原文◎ 威無所施

忠、萬、雲安多虎①。有婦人晝日置二小兒沙上而浣衣於水者②。虎自山上馳來，婦人倉皇沉水避之③，二小兒戲沙上自若④。虎熟視久之⑤，至以首抵觸⑥，庶幾其一懼⑦，而兒癡⑧，竟不知怪，虎亦卒去。

意虎之食人⑨，必先被之以威⑩，而不懼之人，威無所從施歟⑪！

注釋

①忠、萬：今四川忠縣、萬縣。雲安：今四川雲陽。

②晝日：白天。浣：音換，洗滌。

③倉皇：恐懼忙亂的樣子。

④自若：態度自然如常。

⑤熟視：細看。

⑥抵觸：本來是頂撞、觸犯的意思，這裡指碰觸的動作。

⑦庶幾：表示希望的語氣詞。

⑧癡：呆傻的，這裡指天真。

⑨意：料想。

⑩被：加。

⑪歟：置於句末，表疑問、反詰等語氣，相當於「嗎」。

43 細描法讓畫面栩栩如生

寫到故事重要的人、事、物時，就像將舞台的聚光燈打在它們身上，要多費筆墨去刻劃，並以大量生動的比喻、華麗的文字、眩目的色彩，進行工筆描繪，務求形神兼備。

經典寓言

郢都有人用石灰塗在鼻尖上，像蒼蠅翅膀那樣薄，讓一個名叫石的工匠用斧頭削掉它。石匠揮起斧子像一陣風似的，任由砍去，石灰都砍掉了，但鼻子卻沒受傷。那個郢人站著面不改色。宋元君聽說了，召來石匠說：「你試著替我砍掉鼻子上的石灰。」石匠說：「我曾經能砍，不過，能讓我砍的對象已經死了很久了。」（戰國・莊周《莊子・徐无鬼》）

這則〈匠石運斤〉告訴我們，有時想要完成一件難度很高的事情，只靠個人的技巧還是不夠，必須搭配一個能夠密切配合、旗鼓相當的對象才能完成。

但是在現實中，人們常因為害怕而排斥跟自己一樣強，或是比自己強的對手。其實有一句話這麼說：「遇強則強，遇弱則弱。」人的潛力只有在遇到實力相當的對象，才會迸發出燦爛的火花，將潛力徹底激發出來。

然而古人描述事物的手法十分精簡、樸實，優點是用詞精確，具有簡約之美，缺點就是只憑三言兩語，實在無法讓現代的讀者得到足夠的資訊。如果想要用文字創造畫面，我們可以試著學習「細描」，好讓畫面栩栩如生。

寫作新思路　細描

細描，原本是一種國畫技法的名稱，就是透過精細的筆觸，把物體的每個線條、每個陰影畫得非常細緻。運用在寫作上，則是透過較多的文字、優美的詞藻與形容詞，把事物精雕細琢的描述出來。可以分成兩個步驟來進行：

1. **掌握事物的特徵**：首先觀察我們想要寫作的對象，比如故事中的石灰粉，是以碳酸鈣為主要成分的白色粉末狀物質，由於顆粒細小，能完全附著在皮膚的每個毛孔上，看起來薄薄的一層，在陽光下會有些反光。

2. **具體的描繪事物**：細描必須兼顧事物的許多面相，我們寫作時要盡量思考，將石灰粉的每個特徵都寫到才行。比如描述石灰的薄是「薄如蒼蠅翅膀」、「細小的顆粒完全附著在每個毛孔」；描述石灰的輕是「藉著風勢從郢人的鼻尖飄散開來」；描述石灰會反光則是「瑩白的顆粒在陽光下翻了個身，閃了一下，就消失在空氣中」。這些細膩的描述，會讓你的文字讀來富有詩意。

細描有如針線般綿綿密縫，能將事物的每個特點都顧及，為我們提供豐富的資訊。當我們仔細的處理每個細節，就能將事物描繪得栩栩如生。

故事新編

從前楚國的郢地有一個人，某天將薄如蒼蠅翅膀的白灰塗抹在鼻尖上，白灰細小的顆粒藉著汗濕，完全地附著在每個毛孔，就像另一層皮膚。然後，他要一位名叫石的匠人拿斧頭削掉這抹白灰。

石匠人揮動斧頭，像風一樣地迅速敏捷；郢人則站在原地不動，任憑他砍削，只見石灰藉著風勢從郢人的鼻尖飄散開來，瑩白的顆粒在陽光下翻了個身，閃了一下，就消失在空氣中了。才兩三下，石匠人就把塗抹在郢人鼻尖上的白灰削乾淨，鼻子毫髮無傷。郢人站著，也像若無其事的模樣，臉色不變。

宋元君輾轉聽說這件事，好奇心起，立刻召見石匠人，要求說：「請你也為我表演一次！」石匠人卻搖搖頭，說：「我過去能砍掉人鼻尖上的白灰，是因為有好的對手。可是，現在能讓我施展本領的人已經死去很久了。」

經典原文　匠石運斤①

郢人堊慢其鼻端②，若蠅翼③，使匠石斲之④。匠石運斤成風，聽而斲之⑤，盡堊而鼻不傷⑥，郢人立不失容⑦。

宋元君聞之⑧，召匠石曰：「嘗試為寡人為之。」匠石曰：「臣則嘗能斲之；雖然，臣之質死久矣⑨。」

注釋

①匠石：名叫石的匠人。運：揮動。斤：斧頭。

②郢：音影，戰國時楚國的國都（今湖北江陵西北）。堊：音餓，白灰。慢：同「漫」，塗抹。

③若蠅翼：像蒼蠅翅膀那樣薄。

④斲：音酌，同「斫」，以刀斧砍削。

⑤聽：聽任。

⑥盡堊：把塗抹的白灰全削去。

⑦不失容：面不改色。

⑧宋元君：春秋時期宋國的國君宋元公。

⑨質：可藉以施展本領的對象。

44 對比描寫 讓事物形象鮮明

沒有秦檜的奸，就突顯不了岳飛的忠，在現實生活中，兩者是水火不容的敵人，但是在文學藝術上，兩者又是缺一不可的搭檔，這就是對比的藝術，帶來的是對立面的和諧。

經典寓言

蘖搖山的大丘上，有一種鳥，只有一個身體卻長了九個頭。其中一個頭得到食物後，另外八個頭都去爭著吃，張大嘴巴相互叼啄，以致於受傷流血，羽毛也飛散了，食物到了嘴裡也吞不下去，九個頭都受了傷。海鴨看見，就嘲笑說：「你怎麼不想一想，九張嘴吃下的食物還不是都歸到一個肚子裡去了嗎？為什麼還這樣拼命地爭呢？」（元・劉基《郁離子・省敵》）

這則〈九頭鳥〉的寓言告訴我們，在團體中，所有的人都是命運共同體，有共同的目標和一致的利益，若不能團結起來，為了顧全大局彼此配合，而是像九頭鳥的九個頭彼此爭食、自相殘殺，最後必定落到「九頭皆傷」的下場。

故事中為了突顯九頭鳥的愚蠢，於是設定了另一個聰明的角色「海鴨」做為對比。不過可惜的是，故事只著重於描寫牠們的言語和行為，就對比的需求來說，稍嫌不足。

其實，我們可以再針對這兩種禽鳥本身的價值、外型、言語、行為等，做更豐富的描述，才能將牠們一智、一愚的形象對比得更加鮮明。

◎◎◎◎◎寫作新思路　對比描寫

事物總是要經過比較，才能徹底的了解內涵，而**「對比」就是將兩種差異很大的觀念或事物，互相比較對照，讓特徵突顯出來**。方法就是透過比較事物的動靜、虛實、濃淡、大小、強弱、善惡、智愚等特色，來強化各自的形象。

該注意的是，映襯和對比不同。映襯的主、次分明，是以次要事物來襯托主要事物；對比是主、次不分，兩者都能夠被彰顯出來，在這次的改寫中，我們有意的將九頭鳥與海鴨並列起來對比。可以從以下各方面來寫：

1. **價值上**：從本身的價值珍貴與否的程度來做比較。比如：「九頭鳥又稱九鳳，數量稀少而珍貴，以致成為傳說中的神鳥；海鴨只是尋常的鳥類。雖然它們都是鳥，價值上卻有天壤之別。」
2. **外貌上**：從外表來做比較。比如：九頭鳥的「外型特異」，海鴨的「外貌普通」。
3. **言語上**：從對白來做比較。故事中缺少九頭鳥的對白，我們就來補充，比如：「九頭鳥其中一個頭得到食物，得意的說：『這是我的！你們都別搶！』其他幾個頭不服氣，紛紛說道：『我也是頭，憑什麼只有你能先吃！』眾頭七嘴八舌，吵成一團。」
4. **行為上**：從行動來做比較。故事中缺少對海鴨行動的描述，比如：「海鴨看見，忍不住伸出一個翅膀指著九頭鳥，大笑起來，笑到眼淚都流出來了。」而九頭鳥的九個頭則：「面面相覷，無話可說。」

當我們跟著以上提供的方向完成對比，九頭鳥與海鴨的形象就會豐滿許多，同時這種多方面的對照，也會讓讀者將牠們的差異看得更清楚。

故事新編

　　孽搖山的大丘上，有一種鳥，一個身體卻長了九個頭，外型特異，數量稀少而珍貴，以致成為傳說中的神鳥。另一種生物海鴨的外貌普通，只是尋常的鳥類。雖然牠們都是鳥，價值上卻有天壤之別。

　　某天，九頭鳥的其中一個頭得到食物後，得意的說：「這是我的！你們都別搶！」其他幾個頭不服氣，紛紛說道：「我也是頭，憑什麼只有你能先吃！」一眾頭七嘴八舌，吵成一團。八個頭都爭著吃，張大嘴巴相互叼啄，以致於受傷流血，羽毛也飛散了，即使吃到嘴裡也不能吞下去，九個頭都受了傷。

　　海鴨看見，忍不住伸出一個翅膀指著九頭鳥，大笑起來，笑到眼淚都流出來了，說：「你怎麼不想一想，九張嘴吃下的食物還不是都歸到一個肚子裡去了嗎？為什麼還這樣拼命地爭呢？」九頭鳥的九個頭面面相覷，無話可說。

經典原文　九頭鳥①

　　孽搖之虛②，有鳥焉，一身而九頭。得食，則八頭皆爭，呀然而相銜③，灑血飛毛，食不得入咽，而九頭皆傷。

　　海鳧觀而笑之④，曰：「而胡不思九口之食同歸於一腹乎⑤？而奚其爭也⑥？」

注釋

①九頭鳥：又名「蒼鸕（音虞）」，傳說中不祥的鳥。

②孽搖：傳說的山名，見《山海經·大荒東經》。虛：同「墟」，大丘。

③呀然：張大嘴巴的樣子。銜：用嘴含物或叼物。

④海鳧：海上的野鴨。鳧，音浮。

⑤而：同「爾」，你。胡：何故，為何，怎麼。

⑥奚：為何、為什麼。表示疑問的語氣。

45 間接描寫 讓事物完整呈現

人們描述事物的方式多樣，有直白、有隱微，而間接描寫表現的便是委婉含蓄的美學：不直接寫主角，而從周邊寫起，讓外圍的事物烘托主角，可呈現最自然的效果。

經典寓言

海中有座寶山，很多寶物錯雜分布其間，白光閃耀。有個海夫從這裡得到直徑一寸大的寶珠，就用船載著回航。航行不到百里，海風大作，使得海面洶湧顛簸，只見一條蛟龍出現，十分恐怖。船夫告訴他：「蛟龍想得到寶珠，快把寶珠丟到海裡，不然會連累我們！」海夫想把寶珠丟進大海，又捨不得；不丟，形勢又很危急，因此就把大腿挖開，將寶珠藏進去，海波就平靜了。他回家後把寶珠取出來，結果大腿潰爛而死。（元・宋濂《宋文憲公全集・秋風樞》）

這則〈剜股藏珠〉的故事，針對要錢不要命的人做了最深刻的諷刺。寶珠與人的生命，那個輕？哪個重？應該是最容易分辨的。但故事中的海夫愛財勝過自己的性命，當然更不會重視船夫的命，所以寧願冒著生命的危險，也不願意拋棄到手的財寶。卻沒有想到，如果人死了，還要珠寶做什麼用？

故事開門見山的描寫人物的形象，可以達到一目了然的效果，不過，單刀直入的方式，卻也少了含蓄蘊藉之美。我們不妨運用間接描寫的技巧，將故事用委婉的手法來呈現，使故事更加好看！

◎◎◎◎◎寫作新思路　間接描寫

間接描寫又稱為側面描寫，是用暗示、襯托的手法，旁敲側擊的透過對其他事物的描寫，來突顯主要描寫對象的特點，使讀者能從不同的角度去認識事物。

故事中，作者想要表現主要人物「海夫」愛錢如命的性格，與其直接說他剜股藏珠而死，不如再從他的外貌、言行，來加強他的個性。

或透過次要人物（船夫）的言行，或人物互動，或借助其他景物（寶山），來烘托主要人物。

例如：

1. **從主要人物：**先直接描寫，從海夫的形象著手。如：「海夫的上衣起了毛球，也掉了線頭，兩隻袖子經過日復一日的磨損，已經磨得光亮，即使他富甲一方，卻還捨不得換掉這身衣裳。」
2. **從次要人物：**比如船夫提醒海夫丟掉寶珠時，「心裡十拿九穩，認為海夫必定丟珠」，但看到他捨不得丟珠時，船夫便露出「不可置信的表情」，再看到剜股藏珠，船夫只能無奈得「搖頭嘆息」，一層層的從船夫的角度觀看事件。
3. **從其他景物：**比如用寶山來烘托：「海夫行走在珠寶上，似乎連那身破舊也輝煌了起來。」又用海洋來烘托：「紛紛而至的浪舌拍打著他，舔舐著他，打算吞噬他，但是他仍然緊握著寶珠。」這裡加上擬人法。

間接描寫的風格比較含蓄，讓人可以自由的馳騁想像，在描寫的時候，我們可以將直接描寫和間接描寫結合起來，就能將事物完整的呈現出來。

故事新編

海夫的上衣起了毛球，也掉了線頭，兩隻袖子經過日復一日的磨損，已經磨得光亮，即使他富甲一方，卻還捨不得換掉這身衣裳。某日，他發現海中有座寶山，寶物錯雜分布其間，白光閃耀，行走在珠寶上，似乎連那身破舊也輝煌了起來。於是在經過盤算後，他選了一顆直徑一寸大的寶珠，用船載著回航。

航行不到百里，海風忽然大作，海面洶湧顛簸，紛紛而至的浪舌拍打著海夫，舔舐著他，打算吞噬他。只見一條蛟龍出現，模樣十分恐怖，但是他仍然緊握著寶珠。船夫告訴他：「蛟龍想得到寶珠呀！快丟到海裡，不然會連累我們！」船夫心裡十拿九穩，認為海夫必定丟珠。海夫想把寶珠丟進大海，又捨不得；不丟，形勢又很危急，正在猶豫。船夫露出不可置信的表情。海夫想了想，決定把大腿挖開，將寶珠藏進去，海波就平靜了。船夫見了，只能搖頭嘆息。

海夫回家後才把寶珠取出來，不久，就因大腿潰爛而死亡。

經典原文　剜股藏珠①

海中有寶山焉，眾寶錯落其間②，白光煜如也③。海夫有得徑寸珠者④，舟載以還。行未百里，風濤洶簸⑤，蛟龍出沒可怖⑥。

舟子告曰⑦：「龍欲得珠也！急沉之，否則連我矣⑧！」

漁夫欲棄不可⑨，不棄又勢迫⑩，因剜股藏之，海波遂平。至家出珠，股肉潰而卒⑪。

注釋

①剜：音彎，用刀挖。股：大腿。
②錯落：參差相雜的樣子。
③煜如：明亮的樣子。煜，音郁。
④徑寸：直徑為一寸。
⑤洶簸：洶湧顛簸。簸，音跛。
⑥蛟龍：傳說中能發洪水、興風作浪的龍。
⑦舟子：船夫。
⑧連：連累。
⑨不可：此指捨不得。
⑩勢迫：形勢危急、緊迫。
⑪潰：潰爛。卒：死亡。

46 提供背景環境的描寫

故事中描述的環境就像舞台，提供人物「表演的場地」。舞台需要燈光、音效、道具，故事也需要將環境細膩的建構出來。能與人物的內在相呼應，才是好的環境描寫方式。

經典寓言

有人為齊王作畫，齊王問他：「畫什麼最難？」他說：「犬、馬最難畫。」齊王又問：「畫什麼最容易？」他說：「畫鬼魅最容易。犬、馬是人們所熟悉的，早晚都出現在你面前，無法畫得很像，所以難畫。鬼魅是無形的，不會出現在人們面前，所以容易畫。」（戰國・韓非《韓非子・外儲說左上》）

〈畫鬼最易〉的故事，將畫犬馬與畫鬼魅的難易度做比較，告訴我們：在創作時天馬行空的編造，是最容易的事，因為沒有任何成見的限制；但要真正認識一件事物，並且恰如其分的表現它，就沒有那麼容易。

想一想，狗、馬是我們生活中常見的動物，想要畫得像，一定要經過深入的觀察，然後用細膩的手法描摹出來，才能畫得栩栩如生。

至於鬼魅則是無形的東西，每個人心中的鬼魅形象都不盡相同，只要發揮想像力畫得新奇，很容易就能夠獲得肯定。

這個情節簡單的故事寓意深刻，可惜主要由對話組成，缺少背景環境的描寫，也就不夠生動。現在就讓我們來思考，如何為這個故事加上背景。

◉◉◉◉◉寫作新思路　環境描寫

故事提供的背景環境，會交代時間、地點和人物，描述人物活動所在的空間，比如生活或工作的環境。在這個故事裡，唯一的環境就是畫家作畫的地方，稱之為「畫室」，我們可以採取動態或靜態的方式來描寫：

1. **動態描寫**：是在特定的環境中，圍繞著人物的活動場所來描繪。比如畫家從宮廷的大殿穿過走廊，經過齊王的書房，然後進入畫室，將畫家經過的所有地方，有次序的描述出來，能給人「移動」的感覺。此外，由畫家「從書房緊閉的厚門板間一瞥」的小舉動中，也能窺見他善於觀察的性格。

2. **靜態描寫**：是平面的對人物或景物進行描寫，交代時間、地點、風俗習慣或環境氣氛。比如寫畫家來到畫室，開始為齊王作畫前，先描述室內的陳設風格，這麼做可以讓我們對齊王的形象有進一步的了解。如：「這是一間優雅的畫室，桌上橫七豎八的放了許多筆，糊上綠茜紗的窗戶永遠是關著的，夕陽透過幽綠的紗窗照射進來，給畫室增加了些許靜謐。……室內是祥和、隱密的，沒有什麼事發生，除了繪畫創作的過程在緩慢的進行著。」

在環境的描寫裡，很自然的有動、也有靜，以這個故事來說，我們可以先描寫畫家在不同環境的移動，來到畫室就定位了，再開始靜態的描寫畫室。在故事的主、次脈絡下，可依照內容的需要，來決定先寫靜，還是先寫動。

不過，如果寫作者太缺乏生活經驗，就很難進行鮮活的刻劃。所以我們應該多多欣賞繪畫、增加生活閱歷，筆端才能創造出生動的環境描寫。

故事新編

僕役帶著畫家離開輝煌的大殿，踏上彎曲的走廊，舉目望去，木造建築的雕花上溫潤的光澤，訴說著低調的繁華。他們經過齊王的書房，畫家只來得及從書房緊閉的厚門板間一瞥，什麼也沒看清，就被領進旁邊的畫室。

這是一間優雅的畫室，桌上橫七豎八的放了許多筆，糊上綠茜紗的窗戶永遠是關著的，夕陽透過幽綠的紗窗照射進來，給畫室增加了些許靜謐。

齊王端坐在室內的一角，等待作畫。

畫家畫了一會，齊王忽然問他：「畫什麼最難？」畫家說：「犬、馬最難。」齊王又問：「畫什麼最容易？」畫家說：「畫鬼魅最容易。犬、馬是人們所熟悉的，早晚都出現在你面前，無法畫得很像，所以難畫。鬼魅是無形的，不會出現在人們面前，所以容易畫。」齊王微微點頭。

除了兩人的語聲，室內是祥和、隱密的，沒有什麼事發生，只有繪畫創作的過程在緩慢的進行著。

經典原文　畫鬼最易

客有為齊王畫者，齊王問曰：「畫孰最難者①？」

曰：「犬馬最難。」

「孰最易者？」

曰：「鬼魅最易。夫犬馬，人所知也，旦暮罄於前②，不可類之③，故難。鬼魅，無形者，不罄於前，故易之也。」

注釋

①孰：誰，什麼。

②旦暮：早晚。引申為從早到晚。罄：音慶，顯現。

③類：相似。

47 生動的動作描寫

觀察人們的肢體語言，能幫助我們推測別人的情緒或意圖，同樣的，描寫人物的動作，也能幫助讀者更深入認識人物的內在，包含情感、思想等等，是寫作時不可忽略的細節。

經典寓言

齊桓公騎馬出遊，老虎看見了就趴在地上。桓公問管仲：「今天我騎馬外出，老虎見了我竟然不敢往前走，是什麼緣故呢？」管仲回答：「我猜想，您可能騎的是毛色駁雜的馬，朝著太陽奔馳而去吧？」桓公說是。管仲便說：「這種馬看起來像一種叫做『駮』的猛獸。駮專吃虎、豹，所以老虎才會感到恐懼。」（春秋齊・管仲《管子・小問》）

〈虎疑駮馬〉的故事是說，老虎受到馬外表的迷惑，誤以為那是「駮」，而被嚇得趴在地上，可是齊桓公卻誤以為老虎怕的是他，洋洋得意。

全篇沒有一句誇張和說教，只透過桓公和管仲的對話，將桓公自大的形象以及管仲輕描淡寫「突破盲點」的模樣，勾畫得出神入化。

然而，現代的讀者可能不會對這個故事感到滿意，如果我們只從對話來看人物，就無法觀看得更多，比如說人物的動作是怎樣？表情如何？主角們互動的趣味在哪裡？都無法只透過對話來呈現。

不如，我們試著在故事中加上動作描寫，好讓故事更有動態感，語言表現得更活潑。

◉◉◉◉◉寫作新思路　動作描寫

人物內心的想法，常常會經由動作表現出來，寫故事時，千萬不要忽略動作描寫。比如你寫「下課時間」，就可以寫：「下課了！一群孩子又叫又跳的跑出教室。」一定比寫：「下課了，大家離開教室。」要生動許多。

可惜，〈虎疑駮馬〉這則故事只是以簡短的字詞，如：騎（乘）、望（見）、見、趴（伏）、問、說（曰）、走（行）、回答（對曰）、朝著（迎）、奔馳（馳）、吃（食）等等來表現動作，並沒有深入的描寫。

動作描寫的祕訣，就是將角色的動作「分解開來」描述，包含人物、動物、植物，都可以這麼寫。比如說，寫老虎看到齊桓公騎馬而來時的反應：「老虎從遠方看見了就壓低耳朵，將四肢跪倒，身體趴在地上，尾巴下垂，動也不動。」這麼寫，會比只寫一個「伏」字更具體生動。

也可以加上人物的表情，比如寫齊桓公得意的模樣：「桓公抬起下巴，揚著眉頭，笑著問管仲。」又寫他「撫摸下巴的長鬚」，不直接說齊桓公「自大」，而是將得意的神態描寫出來，是比較委婉而帶有表演成分的寫法。

又例如寫管仲輕描淡寫回覆齊桓公的模樣：「管仲安靜片刻，眼神柔和的看著桓公，輕聲回答。」就是用「柔和」、「輕」等字眼，突顯管仲是委婉、冷靜的突破桓公的盲點，才不致於得罪君王，兼顧到兩人的地位關係。

在故事中描寫動作，可以產生戲劇張力，同時，也讓動作描寫更具有「意義」，起著諷刺、意在言外的作用。

故事新編

齊桓公騎著馬，一行人浩浩蕩蕩的出遊，途中，看到前方有一頭老虎，在老遠的地方就壓低耳朵，將四肢跪倒，身體趴在地上，尾巴下垂，動也不動。

回來後，桓公抬起下巴，揚著眉頭，笑著問管仲：「我騎馬外出，老虎見了我竟然不敢往前走，是什麼緣故？」說罷，撫摸下巴的長鬚。

管仲安靜片刻，手指窗外，眼神柔和的看著桓公，輕聲回答：「我猜，您可能騎的是毛色駁雜的馬，朝著太陽奔馳而去吧？」桓公笑說：「是。」

管仲說：「這種馬看起來像一種叫做『駮』的猛獸。駮專吃虎、豹，所以老虎才會感到恐懼。」桓公點頭不語。

◉◉◉◉經典原文　虎疑駮馬①

桓公乘馬②，虎望見之而伏。

桓公問管仲曰③：「今者寡人乘馬，虎望見寡人而不敢行，其故何也？」

管仲對曰：「意者君乘駁馬而盤桓④，迎日而馳乎？」

公曰：「然⑤。」

管仲對曰：「此駁象也⑥。駁食虎豹，故虎疑焉。」

注釋

①駮馬：傳說中的猛獸，形狀像馬。駮，音伯。

②桓公：（？—前六四三年）姓姜，名小白，春秋時齊國的國君，任管仲為相，五霸之首。

③管仲：（？—前六四四年）字仲，春秋齊國潁上人。初事公子糾，後事齊桓公為相，桓公尊為「仲父」。

④意者：料想。盤桓：徘徊、流連不前。

⑤然：語助詞，表應答。

⑥駮象：指馬的形狀像駮，青白色混雜。

48 描寫植物，呈現物與人的關係

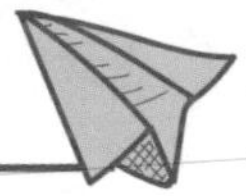

植物是相當特別的物種，在沒有外力的作用下看似靜止，但其實是動態的，只是動得相當緩慢。寫作時不能忽略書寫植物的動態感，才能表現植物靜與動並存的特色。

經典寓言

宋國有個人擔憂他的禾苗長不高而把禾苗往上拔，這樣一天下來十分疲倦，回家對他家人說：「今天累壞了！我幫助禾苗長高了！」他兒子聽說後快步走去田裡看禾苗的情況，然而苗都枯萎了。（戰國・孟軻《孟子・公孫丑上》）

這則〈揠苗助長〉的故事，說明人如果違背自然的規律，拔苗助長，最後只能事與願違，讓禾苗加速死亡，嘲諷了那種為了追求快速見效，不惜違背自然規律、一味搶快的心態，造成事情最終導致失敗。

故事中的「苗」雖然是主角，但在這裡更像是敘述事件的工具，讀後很難令人留下深刻的印象。因此，我們針對「苗」這種植物詳細描寫，賦予鮮明的形象，讓它成為真正的主角，將會使故事的層次更豐富，寓意也更為深刻。

寫作新思路　描寫植物

這裡要談的是「狀物」的技巧。「狀」是描摹，就是以「物」作為寫作的主角，或把「物」當作媒介，藉著描摹「物」來寫人或情、景。

「物」可以分為無生命的物品和有生命的動、植物，寫法是找出物的性質和特徵，仔細刻劃，突顯內含的意義。

在〈揠苗助長〉的故事中，狀物的對象是植物的「苗」。苗是說明寓意的主角，但是在文中卻缺乏生命力，我們不知道苗的特徵，也看不出苗與主角的關係。所以在這裡，就讓我們按照以下的幾個方向來改寫看看：

1. **找出特徵**：從描繪「物」的來歷、外觀、功能，刻畫出「物」的內在意義，這是一種由外而內的寫法，同時也是觀察特徵的順序。比如：「這幾畝田是從祖先傳承下來的，嫩綠色的禾苗長得整整齊齊，遠望是一大片的綠色。沾滿雨露的禾苗，洋溢著積極向上的力量。」

2. **把握關連**：描繪完「物」的外表後，最重要的還是「物」與「人」的關係，必須寫出「人」與「物」之間的互動和情感。比如：「於是宋人彎下腰來拔苗。他先對著苗吹一口氣，吹去塵埃，然後寶貝似的將苗往上輕輕一拔，禾苗的軀幹在風中搖擺，像在感謝他的幫忙。」

3. **運用修辭**：除了譬喻、擬人、誇飾，也可多多運用色彩等感官摹寫，增加讀者對「物」的了解。比如：「宋人想像未來：每一株稻禾都結著飽滿的穗，重量使得稻穗都彎垂著頭。翠綠的稻禾挺著葉尖，一片綠色下襯托著稻穗的金黃，微風吹來，翠綠和金黃就此起彼伏，在陽光下錯落成千變萬化的光影。」

無論把「物」描寫得多麼仔細，最終還是要回歸到「人」的身上，道出人物的感受或體悟，不能只有單純描述「物」的本身。

故事新編

宋國有個人擁有幾畝田，這是從祖先傳承下來的。嫩綠色的禾苗長得整整齊齊，遠望是一大片的綠色，沾滿雨露的禾苗，洋溢著積極向上的力量。

然而宋人很擔憂他的禾苗長不高、長不快，考慮了一下，就彎下腰來拔苗。他先對著苗吹一口氣，吹去塵埃，然後寶貝似的將苗往上輕輕一拔，禾苗的軀幹在風中左右搖擺，像在感謝他的幫忙。

宋人一邊拔，一邊想像未來的美景：每一株稻禾都結著飽滿的穗，重量使得稻穗都彎垂著頭。翠綠的稻禾挺著葉尖，一片綠色下襯托著稻穗的金黃，微風吹來，翠綠和金黃就此起彼伏，在陽光下錯落成千變萬化的光影……

拔完了以後，宋人十分疲倦，回到家就對家人說：「今天累壞了！我幫助禾苗長高了！」他兒子聽了，趕緊快步走去田裡看苗的情況，然而苗都枯萎了。

經典原文　揠苗助長①

宋人有閔其苗之不長而揠之者②，芒芒然歸③，謂其人曰④：「今日病矣⑤！予助苗長矣！」

其子趨而往視之⑥，苗則槁矣⑦。

注釋

①揠：音訝，拔起。

②閔：同「憫」，擔心，憂慮。

③芒芒然：疲憊的樣子。

④其人：家裡的人。

⑤病：疲憊。

⑥趨：快步走。

⑦槁：音搞，枯萎。

49 描寫景物，猶如身歷其境

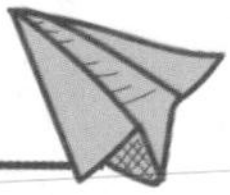

在文學描寫的寫景中，寫作者往往不是如照相機一般，將景物如實寫出來，而是寫出心目中理想的景象，所以追求的是「境界美」，一種將景物融入「人味」的美感。

經典寓言

孔子到魯國的東邊遊歷，路上看到兩個小孩在爭辯，便問是什麼原因。

一個小孩說：「太陽剛剛升起時距離人近，中午的時候距離人遠。」

另一個小孩說：「太陽剛剛升起時距離人遠，中午時距離人近。」

一個小孩說：「太陽剛出來時像車蓋一樣大，到了中午卻像個盤子，這不是遠時看起來小而近時看起來大嗎？」

另一個小孩說：「太陽剛出來時有清涼的感覺，到了中午卻像把手伸進熱水一樣，這不是近時熱而遠時涼嗎？」

孔子無法判斷這件事的對錯。於是兩個小孩笑著說：「誰說您知識豐富呢？」（戰國・列禦寇《列子・湯問》）

〈兩小兒辯鬬〉的故事是說，學問是無窮無盡的，每個人知道的知識都非常有限，而不知道的部分卻是無限多，誰也不能驕傲自大。兩小兒相當有想像力，作者將他們的觀察力和求知欲，刻劃得十分生動傳神。

但是，故事既然寫的是對大自然的觀察，卻沒有對自然界中「太陽、日出、日中」的景象做一番描述，我們就無法想像兩小兒究竟觀察到什麼？現在，就來替作者運用描寫景物的技巧，還原故事中的太陽吧！

寫作新思路　描寫景物

描寫景物，主要是指描寫大自然的各種景物，包括山川江河、日月星辰等靜態的景物，以及四季流轉、物換星移和萬物生長等動態的變化。

透過描寫景物，可以體現文章所蘊含的思想感情，而細膩的描寫，就像畫家畫一幅風景畫般，我們閱讀時，腦中就會出現圖像，猶如身歷其境。

在〈兩小兒辯鬬〉的故事中，觀察日出、日中的現象是主要的寫作重點，我們就以這個為目標，運用想像力，跟著以下的步驟寫寫看：

1. **主次烘托**：在主要段落，先描寫主要景色，再用次要景色來烘托。比如：「太陽剛剛升起，光芒掙扎著要發散開來（主要），周圍的雲朵宛如被撥開一般向兩旁退散（次要）。」
2. **景景相連**：透過好幾個景物的排列，串成一幅風景畫。比如利用空中常見的幾個景，將太陽、雲、飛鳥拼貼在一起：「太陽金色的光暈，以及一片一片淡化的雲，和偶然經過的飛鳥，形成和諧的天空。」
3. **塗抹色彩**：大自然的景致是鮮豔的，所以寫景不能太過簡單樸素，要多運用色彩的比喻與形容詞。比如：「橘紅色的日頭懸掛在頭頂上，將燦金色的強光猛力的打下來，沒有任何生物能夠逃脫得掉。」這裡用了一點誇飾。

要注意的是，如果只是將景物原封不動的寫下來，字裡行間卻缺乏對景物的想像力，觀察也不夠細膩，這樣的景物就缺少動人的力量。

故事新編

孔子到魯國的東邊遊歷，一路上見到太陽金色的光暈，以及一片一片淡化的雲，和偶然經過的飛鳥，形成和諧的天空。

孔子在路上看到兩個小孩在爭辯，便停下來問是什麼原因。

一個小孩說：「太陽剛剛升起時距離人近，中午的時候距離人遠。」

另一個小孩說：「太陽剛剛升起時距離人遠，中午時距離人近。」

孔子看看天空，回想太陽剛升起的模樣：光芒掙扎著要發散開來，周圍的雲朵宛如被撥開一般向兩旁退散。現在是正午，橘紅色的日頭懸掛在頭頂上，將燦金色的強光猛力的打下來，沒有任何生物能夠逃脫得掉。

第一個小孩又說：「太陽剛出來時像車蓋一樣大，到了中午卻像個盤子，這不是遠時看起來小而近時看起來大嗎？」

第二個小孩回說：「太陽剛出來時有清涼的感覺，到了中午卻像把手伸進熱水一樣，這不是近時熱而遠時涼嗎？」

孔子無法判斷這件事的對錯。於是兩個小孩笑著說：「誰說您知識豐富呢？」

經典原文　兩小兒辯鬬①

孔子東遊②，見兩小兒辯鬬，問其故。

一兒曰：「我以日始出時去人近③，而日中時遠也④。」

一兒曰：「我以日初出遠，而日中時近也。」

一兒曰：「日初出大如車蓋⑤，及日中則如盤盂⑥，此不為遠者小而近者大乎？」

一兒曰：「日初出滄滄涼涼⑦，及其日中如探湯⑧，此不為近者熱而遠者涼乎？」

孔子不能決也⑨。兩小兒笑曰：「孰為汝多知乎⑩？」

注釋

①辯鬬：爭辯。鬬，音鬥。

②孔子：（前五五一年—前四七九年），名丘，字仲尼。春秋末期著名思想家、教育家，儒家的創始人。東遊：指到魯國東邊的各國去遊歷。

③去：距離。

④日中：中午。

⑤車蓋：古時車上用以遮陽避雨的頂蓋，外觀像圓形傘。

⑥盤盂：泛指器皿。盤：古浴器。盂：音於，飲食器。

⑦滄滄：寒冷的樣子。涼涼：清涼的樣子。

⑧探湯：用手試於熱水之中。

⑨決：判定。

⑩孰：誰。為：同「謂」，說。汝：你。多知：知識豐富。

50 改變人稱，讓故事更有臨場感

用第一人稱寫，對讀者來說很有親切感，可以直接表達人物內心的感情。但局限就是敘述的人物和事件，不能超出「我」親身經歷的範圍，所以作者應視需要來選擇視角。

經典寓言

臨江有人打獵時捉到一頭小鹿，把牠帶回家養。剛一進門，一群狗就流著口水、搖著尾巴圍過來，那人非常憤怒，便恐嚇群狗。從此他每天都抱著小鹿接近狗，讓狗熟悉了，使狗不傷害牠。後來又逐漸讓狗和小鹿在一起玩耍。時間久了，那些狗也都按照主人的意願去做。

小鹿逐漸長大，忘記了自己是鹿，以為狗真的是自己的朋友，便時常和狗互相碰撞在地上打滾，越來越親近。狗怕主人，於是和鹿玩耍，和鹿十分友善，但時常舔自己的嘴唇。多年後的某天，鹿走出家門，看見外面有很多狗，就跑過去想跟狗玩耍。這群野狗見了鹿既高興又憤怒，便一起把它吃掉，路上一片狼藉。鹿到死也沒有明白過來。（唐・柳宗元《柳河東集・三戒》）

〈臨江之麋〉的故事是說，麋鹿忘了自己的身分，忘記自己只是被人豢養，而且位在食物鏈的弱勢，拿著主人當靠山作威作福，對敵人失去警惕之心，還認敵（狗）為友，結果靠山（主人）不在家，就遭到殺身之禍。

在故事中，麋鹿與狗之間的對手戲很有趣，尤其是這群「室內狗」，先是不得已和鹿做朋友，後來想找機會吃掉鹿，卻又莫可奈何，更是精采！只可惜作者沒有讓我們知道這群狗的感受，牠們的感受才是最有趣的地方。

不過，如果我們改變人稱，將其中一隻室內狗設定為第一人稱「我」，以狗的立場來寫故事，將更能把狗的心理變化揭露出來。

寫作新思路　第一人稱視角

在故事中，原本作者像全知全能的上帝，敘述每個角色的故事，但轉換成第一人稱後，作者就要站在「狗」的立場去寫。狗就是「我」，狗的所思所想與心理的變化，全部都要攤在陽光下讓讀者知道。

寫作前，要先揣摩室內狗的內心世界，並且弄清楚狗與鹿的關係，才能寫得細膩、深刻。現在，請跟著以下的步驟寫寫看：

1. **狗的設定**：改成第一人稱「我」。
2. **我初見鹿**：「我」的想法：「主人想必帶著美味來犒賞我們了！看主人懷抱的那頭小鹿，身材肥美、四肢修長，可見跑得快。獵鹿時刻開始了！」
3. **主人阻止**：「我」想吃鹿，被主人阻止，「我」想：「原來這頭小鹿不是食物！主人為了牠，竟然對我們大聲斥喝。」
4. **我親近鹿**：主人常常讓鹿接近「我」，「我」想：「主人要我們和『食物』做朋友，太荒謬了！」

5. **我舔嘴唇：**「我」勉強對鹿友善，心裡覺得：「自從和鹿做朋友後，我跟兄弟們每天都要提醒自己：『鹿是朋友，不是食物！』但是看到鹿肥嫩的後腿肉，我還是忍不住舔了嘴唇。」

6. **鹿被狗吃：**「我」看到鹿走出家門去接近野狗，「我」不禁罵了一聲：「妳這不知死活的鹿走到野狗群裡，是要做什麼？傻子！我們不吃妳是不想得罪主人，妳還以為所有的狗都是朋友？」

按照這樣的方式，我們將能夠寫出深具臨場感的故事。

故事新編

主人回家了，我和兄弟們圍過去，看到他懷裡抱著一頭小鹿，想必是犒賞我們的，牠身材肥美、四肢修長，可見跑得快。好，獵鹿時刻開始了！

我們流著口水、搖著尾巴圍上去，主人卻很憤怒的阻止。原來這頭小鹿不是食物！主人為了牠對我們大聲斥喝，真傷心啊！

從此，主人每天都抱著小鹿接近我們，後來又讓我們和小鹿在一起玩耍。我們都很不滿，主人竟然要我們和「食物」作朋友，太荒謬了！

鹿逐漸長大，牠好像忘記了自己是鹿，以為我們是朋友。我們怕主人，於是和鹿玩耍，和鹿十分友善。只是，我跟兄弟們每天都得提醒自己：「鹿是朋友，不是食物！」但偶爾瞄到牠肥嫩的後腿肉，我還是忍不住舔了嘴唇。

某天，主人不在，我看到鹿走出家門……慢著，妳要去哪裡？妳這不知死活的鹿走到野狗群裡，是要做什麼？……天啊！那些野狗真狠，把妳吃得不剩骨頭、滿地凌亂不堪。唉，傻子！我們不吃妳是不想得罪主人，妳還以為所有的狗都是朋友？

經典原文

臨江之麋①

臨江之人，畋得麋麑②，畜之。入門，群犬垂涎③，揚尾皆來。其人怒，怛之④。自是日抱就犬⑤，習示之⑥，使勿動，稍使與之戲⑦。積久，犬皆如人意。麋麑稍大，忘己之麋也，以為犬良我友⑧，抵觸偃仆⑨，益狎⑩。犬畏主人，與之俯仰甚善⑪，然時啖其舌⑫。

三年，麋出門，見外犬在道甚眾，走欲與為戲⑬。外犬見而喜且怒，共殺食之，狼藉道上⑭。麋至死不悟。

注釋

①臨江：地名，今江西清江。麋：音迷，糜鹿，鹿的一種。
②畋：音田，打獵。麑：音尼，小鹿。
③垂涎：流口水。涎，音嫌。
④怛：音達，恐嚇，威嚇。
⑤就：靠近，接近。
⑥習：經常。
⑦稍：逐漸。
⑧良：確實，真的。
⑨抵觸：用頭頂撞。偃仆：音演撲，仰臥撲倒。
⑩益：更加。狎：音俠，親近。
⑪俯仰：俯跟仰的動作。善：好。
⑫啖：音但，此指舔。
⑬走：跑去。
⑭狼藉：形容凌亂不堪。

少年文學52　PD0075

寫作課：

從閱讀經典寓言出發，打造五大關鍵寫作力

作者／高詩佳
責任編輯／陳慈蓉
圖文排版／黃珮君、莊皓云
封面設計／王嵩賀
出版策劃／秀威少年
製作發行／秀威資訊科技股份有限公司
114 台北市內湖區瑞光路76巷65號1樓
電話：+886-2-2796-3638
傳真：+886-2-2796-1377
服務信箱：service@showwe.com.tw
http://www.showwe.com.tw

郵政劃撥／19563868
戶名：秀威資訊科技股份有限公司
展售門市／國家書店【松江門市】
104 台北市中山區松江路209號1樓
電話：+886-2-2518-0207
傳真：+886-2-2518-0778

網路訂購／秀威網路書店：https://store.showwe.tw
國家網路書店：https://www.govbooks.com.tw
法律顧問／毛國樑　律師

總經銷／聯寶國際文化事業有限公司
221新北市汐止區康寧街169巷27號8樓
電話：+886-2-2695-4083
傳真：+886-2-2695-4087

出版日期／2019年9月　BOD一版　**定價**／380元
2020年9月　BOD二版
ISBN／978-986-5731-98-4

秀威少年
SHOWWE YOUNG

國家圖書館出版品預行編目

寫作課：從閱讀經典寓言出發，打造五大關鍵寫作力 / 高詩佳著. -- 一版. -- 臺北市：秀威少年, 2019.09
面； 公分. -- (少年文學；52)
BOD版
ISBN 978-986-5731-98-4(平裝)

1. 漢語教學 2. 作文 3. 中小學教育

523.313 108011655

讀者回函卡

感謝您購買本書，為提升服務品質，請填妥以下資料，將讀者回函卡直接寄回或傳真本公司，收到您的寶貴意見後，我們會收藏記錄及檢討，謝謝！
如您需要了解本公司最新出版書目、購書優惠或企劃活動，歡迎您上網查詢或下載相關資料：http:// www.showwe.com.tw

您購買的書名：______________________________

出生日期：________年________月________日

學歷：□高中（含）以下　□大專　□研究所（含）以上

職業：□製造業　□金融業　□資訊業　□軍警　□傳播業　□自由業
　　　□服務業　□公務員　□教職　□學生　□家管　□其它_____

購書地點：□網路書店　□實體書店　□書展　□郵購　□贈閱　□其他

您從何得知本書的消息？

□網路書店　□實體書店　□網路搜尋　□電子報　□書訊　□雜誌
□傳播媒體　□親友推薦　□網站推薦　□部落格　□其他__________

您對本書的評價：（請填代號　1.非常滿意　2.滿意　3.尚可　4.再改進）

封面設計____　版面編排____　內容____　文／譯筆____　價格____

讀完書後您覺得：

□很有收穫　□有收穫　□收穫不多　□沒收穫

對我們的建議：______________________________

____

____

____

請貼
郵票

11466
台北市内湖區瑞光路 76 巷 65 號 1 樓
秀威資訊科技股份有限公司 收
BOD 數位出版事業部

(請沿線對折寄回，謝謝！)

姓　　名：____________ 年齡：______ 性別：□女　□男

郵遞區號：□□□□□

地　　址：____________________________

聯絡電話：(日)____________ (夜)____________

E-mail：____________________________